Deutsch

ABSCHLUSS-PRÜFUNGS-TRAINER

Realschulabschluss
Niedersachsen

Erarbeitet von
Birthe Theis und
Volker Westerkamp

 Deine **Online-Angebote** findest du hier:

1. Melde dich auf scook.de an.
2. Gib den unten stehenden Zugangscode in die Box ein.
3. Hab viel Spaß mit den Online-Angeboten.

Dein Zugangscode auf
www.scook.de

Die Online-Angebote können dort nach Bestätigung der AGB und Lizenzbedingungen genutzt werden.

eyjyb-36r8x

Textquellenverzeichnis:
S. 14–16: Interview nach: Breyer, Ariane u. Otto, Jeanette: Ist das normal? Aus: http://www.zeit.de/2015/44/eltern-familie-smart-phone-computer-fragen-experten [15.02.2017]; **S. 21–22:** Probst, Stephanie: Das kann kein Meer mehr schlucken: Unsere Ozeane versinken im Plastikmüll. Nach: http://www.wwf.de/the-men-projekte/meere-kuesten/unsere-ozeane-versinken-im-plastikmuell/ [26.10.2015]; **S. 27:** Hornung, Dagmar: Festung Europa – drin ist nur die halbe Miete: Lampedusa in Hamburg. Aus: http://www.bszonline.de/artikel/lampedusa-hamburg [15.02.2016]; **S. 33–35:** von der Grün, Max: Masken. Aus: Ders: Fahrtunterbrechung und andere Erzählungen. Frankfurt am Main: Europäische Verlagsanstalt 1965. S. 106; **S. 40:** Wikipedia: Maske (Auszug). Online unter: https://de.wikipedia.org/wiki/Maske [17.11.2016]. Der Artikel steht unter Creative-Commons-Lizenz: https://de.wikipedia.org/wiki/Wikipedia:Lizenzbestim-mungen_Creative_Commons_Attribution-ShareAlike_3.0_Unported [13.02.2016], die Versionsgeschichte ist abrufbar unter https://de.wikipedia.org/w/index.php?title=Maske&action=history [13.02.2016]; **S. 43:** Fröhlich, Pea: Der Busfahrer. Aus: Dies.: Zwei Frauen auf dem Weg zum Bäcker. Köln: Dumont 1987. S. 47; **S. 45:** Rieger, Lovis: Die Wellenmacher. Aus: http://www.zeit.de/zuender/2008/07/single-sein-essay [17.11.2016]; **S. 47:** Meyer, Conrad Ferdinand: Zwei Segel. Aus: Echtermeyer. Deutsche Gedichte. Von den Anfängen bis zur Gegenwart. Auswahl für Schulen. Hrsg. von Elisabeth K. Paefgen und Peter Geist. Berlin: Cornelsen Verlag 2010, S. 454; **S. 50:** Kästner, Erich: Sachliche Romanze. Aus: Echtermeyer. Deutsche Gedichte. Von den Anfängen bis zur Gegenwart. Auswahl für Schulen. Hrsg. von Elisabeth K. Paefgen und Peter Geist. Berlin: Cornelsen Verlag 2010, S. 634; **S. 53:** Goethe, Johann Wolfgang: Gefunden. Aus: Echtermeyer. Deutsche Gedichte. Von den Anfängen bis zur Gegenwart. Auswahl für Schulen. Herausgegeben von Elilsabeth K. Paefgen und Peter Geist. Berlin: Cornelsen Verlag 2010. S. 258; **S. 53:** Kästner, Erich: Zur Fotografie eines Konfirmanden. Aus: Doktor Erich Kästners Lyrische Hausapotheke. Gedichte für den Hausbedarf der Leser. Nebst einem Vorwort und einer nutzbringenden Gebrauchsanweisung samt Register. Zürich: Atrium Verlag 2011. S. 23; **S. 55–57:** Jonas Jonasson, Der Hundertjährige, der aus dem Fenster stieg und verschwand, übersetzt von Wibke Kuhn. Carl's Books, München 2011, S. 7–14; **S. 60–61:** Uhlmann, Berit: Das Glück der späten Jahre. Aus: http://www.sueddeutsche.de/gesundheit/lebenszufriedenheit-im-alter-das-glueck-der-spaeten-jah-re-1.1593544 [15.02.2016]; © Süddeutsche Zeitung Digitale Medien GmbH/Süddeutsche Zeitung GmbH; **S. 66:** Zimmermann, Tanja: Sommerschnee. Aus: Bolte, Marion (Hrsg.): Total verknallt. Ein Liebeslesebuch. Rowohlt Taschenbuchverlag, Reinbek 1994; **S. 71:** Interview: Warum Liebeskummer normal ist. Aus: http://www.brigitte.de/liebe/beziehung/trennung--warum-liebeskummer-normal-ist-10606070.html [19.08.2016]; **S. 74–75:** Schmid, Dorothée: Große Freiheit oder Hotel Mama? Aus: http://www.spiegel.de/lebenundlernen/uni/wohnen-gros-se-freiheit-oder-hotel-mama-a-150504.html [20.10.2016]; **S. 77–78:** Interview nach Fogt, Dorothea: Mode. Aus: Deutschbuch. Sprach- und Lesebuch 5 für Realschule Baden-Württemberg. Berlin: Cornelsen Verlag 2006, S. 12–14; **S. 79:** Ringelnatz, Joachim: Es lebe die Mode! Aus: Gesammelte Gedichte. © Zürich: Gutenberg 1986, Diogenes 1994.

Bildquellenverzeichnis:
S. 5: Fotolia/zinkevych; **S. 10:** Fotolia/Rawpixel Ltd; **S. 14:** Fotolia/alphaspirit; **S. 21:** action press/Ferrari Press Agency; **S. 28:** © Holtschulte, Michael; **S. 31:** Janson, Jürgen; **S. 50:** bpk/Alexander Burkatowski/© Succession Picasso/VG Bild-Kunst Bonn 2016; **S. 60:** Fotolia/De Visu; **S. 62:** Nach: Diagramm „Demografischer Wandel" – Statista; **S. 65:** Shutterstock/Luciano Cosmo; **S. 71:** Fotolia/WavebreakmediaMicro

Redaktion: Janina Bachur, Karin Unfried
Illustrationen: Roland Beier, Berlin (S. 18, 20); Christiane Grauert, Milwaukee (S. 43, 44, 45, 47); bildbad, Berlin (S. 6, 8, 53, 58, 63, 76), Jana Muraitis, Berlin (S. 67, 70), Nina Pagalies, Berlin (S. 33, 36, 39)
Umschlaggestaltung: Rosendahl, Berlin
Layoutkonzept und technische Umsetzung: Klein & Halm Grafikdesign, Berlin

www.cornelsen.de

Die Webseiten Dritter, deren Internetadressen in diesem Lehrwerk angegeben sind, wurden vor Drucklegung sorgfältig geprüft. Der Verlag übernimmt keine Gewähr für die Aktualität und den Inhalt dieser Seiten oder solcher, die mit ihnen verlinkt sind.

1. Auflage, 1. Druck 2017

Alle Drucke dieser Auflage sind inhaltlich unverändert und können im Unterricht nebeneinander verwendet werden.

© 2017 Cornelsen Verlag GmbH, Berlin

Druck: H. Heenemann, Berlin

978-3-06-206673-3

Inhaltsverzeichnis

Was erwartet dich in der Prüfung?

Liebe Schülerin, lieber Schüler,

bald ist es für dich so weit und du legst die Abschlussprüfung im Fach Deutsch ab.
Damit du weißt, was auf dich zukommt, wollen wir dir genau erklären, was dich in der Prüfung erwartet und wie du dich optimal vorbereiten kannst.

Die Prüfung besteht aus **drei Teilen**, einem Pflichtteil zum Hörverstehen, einem Basisteil zum Umgang mit Texten und einem Wahlteil zum Schreiben. Alle drei Teile müssen von dir bearbeitet werden. Beim Wahlteil kannst du zwischen zwei Bearbeitungsvarianten eines thematischen Schwerpunkts wählen. Um dich in Ruhe entscheiden zu können, hast du **zum Auswählen 15 Minuten** Zeit. Die Prüfung beginnt erst, wenn du dich entschieden und den Themenvorschlag, den du nicht bearbeiten willst, wieder abgegeben hast.

Pflichtteil
(Hörverstehen)
+
Basisteil
(Umgang mit Texten)
+
Wahlteil
(Schreiben)
↙ ↘
Wahlteil A *oder* Wahlteil B

Die Bearbeitungszeit der Prüfungsaufgaben für den Realschulabschluss beträgt **180 Minuten**.

Im Ersten Prüfungsteil wird ein Hörtext zweimal abgespielt. Anhand der dazugehörigen Multiple-Choice-Aufgaben wird überprüft, ob du wesentliche Inhalte des gehörten Textes erfassen und wiedergeben kannst. Auch musst du bestimmte Aspekte des Hörtextes zusammenfassen und bewerten können.

Im Zweiten und Dritten Prüfungsteil bearbeitest du mehrere Texte unterschiedlicher Textsorten zum gleichen Thema. Die einzelnen Aufgaben können sich dabei inhaltlich aufeinander beziehen.
Bei der Wahlaufgabe kannst du zwischen zwei Aufgaben wählen. Bei beiden sollst du einen längeren zusammenhängenden Text verfassen. Dazu erhältst du Schreibaufgaben, an die du dich halten musst.
Zum Beispiel könnte im Dritten Prüfungsteil von dir verlangt werden, einen Leserbrief zu schreiben, eine Stellungnahme abzugeben, eine Empfehlung zu formulieren oder einen Bericht zu schreiben. Die Wörter deines geschriebenen Textes musst du zählen und die Anzahl notieren.

Textsorten, die im Zweiten und Dritten Prüfungsteil vorkommen können, sind
– epische Texte (z. B. Kurzgeschichten, Romanauszüge),
– lyrische Texte (Gedichte),
– Sachtexte (z. B. Zeitungstexte),
– Diagramme und Tabellen,
– bildliche Darstellungen (z. B. Karikaturen, Fotografien).

15 Minuten *Auswahlzeit*
180 Minuten *Bearbeitungszeit,* davon mind. 20 Minuten *Zeit für Korrektur*
insgesamt max. 195 Minuten

Du darfst in der Prüfung ein **Wörterbuch** verwenden. Das Wörterbuch wird im Prüfungsraum vorhanden sein.
Rechtschreibung, Zeichensetzung, Grammatik und Ausdruck fließen in die Gesamtwertung ein – reserviere hierfür also mindestens die letzten 20 Minuten. Es ist ganz wichtig, dass du deine Lösungen noch einmal genau überprüfst und Fehler verbesserst. Wörter, bei denen du nicht sicher bist, wie man sie richtig schreibt, oder unbekannte Wörter kannst du in dieser Zeit nachschlagen und gegebenenfalls verbessern.

Viel Spaß beim Training mit diesem Heft und viel Erfolg bei der Prüfung!

Wie arbeitest du mit diesem Heft?

Wie du auf der vorherigen Seite erfahren hast, besteht die Prüfung aus drei Teilen: Hörverstehen, Basisteil und Wahlteil. In diesem Heft lernst du durch gezielte Übungen, wie du die Aufgaben zu allen Prüfungsteilen bearbeiten kannst. Darüber hinaus bekommst du konkrete Prüfungsbeispiele. Das Heft ist deshalb wie folgt aufgebaut:

Im **ersten Kapitel** findest du **Übungen zum Hörverstehen**.
Du trainierst,
– während des zweiten Zuhörens Notizen zum Hörtext zu machen,
– Multiple-Choice-Aufgaben zu einem Hörtext zu bearbeiten,
– Fragen zum gehörten Text schriftlich zu beantworten.

Im **zweiten Kapitel**, das den **Basis- und Wahlteil** der Prüfung abbildet, findest du sowohl Übungen, die sich auf *einen* Text (oder eine bildliche Darstellung) beziehen, als auch Übungen, die sich gleichzeitig auf *mehrere* Texte sowie bildliche Darstellungen beziehen, wie dies im Basisteil üblich ist. Des Weiteren findest du dort zahlreiche Schreibaufgaben, mit denen du dich auf den Wahlteil vorbereiten kannst.

Du erfährst zum Umgang mit **Sachtexten**,
– wie du einem Sachtext wichtige Informationen entnimmst,
– wie du ein Argument bzw. eine Argumentation aufbaust,
– wie du eine Gliederung anlegst,
– wie du eine Erörterung schreibst,
– wie du zu einem Thema Stellung beziehst
und vieles mehr.

> **Tipp**
>
> Blau umrahmte **Tipp-Kästen** liefern Tipps, die dir bei der Lösung der Aufgaben helfen.

Du erfährst zum Umgang mit **literarischen Texten** (**Prosa** und **Gedicht**),
– wie du den Inhalt eines Textes zusammenfasst,
– wie du Überschriften untersuchst,
– wie du die Erzählperspektive analysierst,
– wie du die sprachlichen Mittel untersuchst
und vieles mehr.

Du erfährst zum Umgang mit **bildlichen Darstellungen**,
– wie du die Beschreibung und Auswertung einer Grafik (eines Diagramms/Schaubildes) vornimmst,
– wie du die Beschreibung und Auswertung einer Karikatur anfertigst
und vieles mehr.

> **Info**
>
> **Info-Kästen** fassen für dich zentrale Lerninhalte und wichtige Infos zur Prüfung in Kürze zusammen.

Im **dritten Kapitel** bearbeitest du selbstständig **Prüfungsbeispiele**. Du lernst dadurch Schritt für Schritt den Aufbau einer Prüfung und die gesamte Prüfungssituation kennen.

Mit dem beiliegenden **Lösungsteil** kannst du deine Ergebnisse überprüfen und – wenn nötig – verbessern.

Zusätzlich kannst du dein Grundwissen mithilfe von Online-Übungen wiederholen und vertiefen. Nutze dazu den Zugangscode auf Seite 1 (www.scook.de).

Ebenfalls online findest du die Audiodateien zu diesem Heft, die Originalprüfung 2016 mit Lösungen sowie die Lösungen zu diesem Heft. Den Zugangscode dazu findest du ebenfalls auf Seite 1.

Übungen zum Ersten Prüfungsteil

Hörverstehen

Was erwartet mich in der Prüfung?

Die Texte zum Hörverstehen, die dich in der Prüfung erwarten, sind oft Reportagen oder Interviews zu einem Sachthema. Es kommt darauf an, dass du genau und konzentriert zuhörst, wenn der Hörtext abgespielt wird. In Reportagen beispielsweise können auch Geräusche und die Atmosphäre wichtige Hintergrundinformationen liefern.

Die Aufgaben zum Text erhältst du erst, nachdem du ihn gehört hast. Typisch sind Aufgaben zum Ankreuzen, das sinngemäß richtige Ergänzen von Satzanfängen, das Wiedergeben und Zusammenfassen von Inhalten und die Beantwortung von W-Fragen (Wer? Was? Wann? Wo? Wie? Warum?). Diese Aufgabenarten kannst du in diesem Kapitel üben.

Besonders wichtig bei der Prüfung zum Hörverstehen ist es, aufmerksam zuzuhören und die wichtigen Informationen durch aktives Zuhören gedanklich aufzunehmen!

> **Info**
>
> **Ablauf der Prüfung zum Hörverstehen**
>
> 1. Erstes Anhören des Hörtextes ohne die Möglichkeit, Notizen zu machen.
> 2. Anschließend folgt eine kurze Pause von circa einer Minute.
> 3. Zweites Anhören des Hörtextes mit der Möglichkeit, sich Notizen zu machen.
> 4. Bearbeiten der Aufgaben (in der Regel 3–5 Aufgaben) nach Zeitvorgabe (siehe S. 5).
> 5. Abgabe der Ergebnisse – Änderungen sind dann nicht mehr möglich.

Übungen zum Hörverstehen

1. Radiobeitrag: Überraschung für Ferrero

Höre dir den Radiobeitrag des Deutschlandfunks „Überraschung für Ferrero" an, ohne dir Notizen zu machen. Höre den Beitrag ein zweites Mal und schreibe dir dabei wichtige Einzelheiten stichpunktartig auf. Bearbeite anschließend die folgenden Aufgaben.

> **Tipp**
>
> Beim ersten Anhören:
> Worum geht es im Text? Versuche, das Thema (eventuell bildlich) zu erfassen. Achte auf strukturierende Wörter (*erstens, zweitens, …; einerseits, andererseits, …*).

> **Tipp**
>
> Nach dem zweiten Anhören:
> Schlage unbekannte Wörter im Wörterbuch nach. Das ist ausdrücklich erlaubt.

1 *Kreuze die richtigen Aussagen an.*

a) ☐ In dem Radiobeitrag geht es um ein französisches Mädchen, das an einem Überraschungsei erstickt ist.

b) ☐ In dem Radiobeitrag geht es um Qualitätsprobleme bei der Herstellung von Überraschungs-eiern.

c) ☐ Im Mittelpunkt des Radiobeitrages steht ein Medikament, das von einem Kind in einem Überraschungsei gefunden wurde.

d) ☐ Es geht im Radiobeitrag ausschließlich um Ermittlungen der Staatsanwaltschaft gegen den italienischen Süßwarenhersteller Ferrero.

2 *Kreuze in der Tabelle an, welche Informationen im Radiobeitrag enthalten sind und welche nicht. Setze zu jeder Information ein Kreuz.*

Information	enthalten	nicht enthalten
a) Das Überraschungsei enthielt ein Medikament gegen Bluthochdruck.		
b) Es handelte sich um einen bösen Scherz.		
c) In Italien wird das Überraschungsei konfektioniert, d. h. verpackt und mit Spielzeug bestückt.		
d) Der Konzern Ferrero sieht sich bei dem im Schokola-denei versteckten Medikament als Opfer.		

3 *Vervollständige den folgenden Satz sinngemäß richtig.*

Für den italienischen Süßwarenhersteller Ferrero ist das schon die zweite böse Überraschung, denn

_____

_____

_____

_____

4 *Beschreibe, welche Position die Staatsanwaltschaft vertritt und wie sie den Fall aufklären will.*

_____

_____

_____

_____

_____

5 *Erläutere, aus welchem Grund Ferrero keine weiteren Erklärungen zu dem Vorfall abgeben will.*

_____

_____

_____

_____

_____

6 *Nenne zwei Gründe dafür, warum es als unrealistisch angesehen wird, dass das Medikament außerhalb von Italien in das Überraschungsei gekommen ist.*

1. _____

_____

2. _____

_____

2. Interview: „Ich bin dann mal weg!" – mit 16 in die eigene Wohnung

Höre dir das Interview „Ich bin dann mal weg! – mit 16 in die eigene Wohnung" konzentriert an, ohne Notizen zu machen. Höre die Audiodatei danach noch einmal an und schreibe dir wichtige Einzelheiten stichpunktartig auf. Bearbeite anschließend die folgenden Aufgaben.

Tipp

Notiere dir immer zuerst den Titel des Hörtextes.

Tipp

Stichpunkte lassen sich gut in einem Cluster festhalten. In die Mitte kommt der Titel/das Thema, Informationen notierst du in Stichpunkten rundherum.

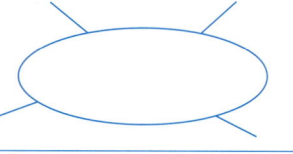

1 Kreuze an, welche Aussagen im Interview enthalten sind und welche nicht. Setze für jede Information ein Kreuz.

Information	enthalten	nicht enthalten
a) Celine bekommt Unterstützung aus ihrer Familie, zum Beispiel von ihren Großeltern.		
b) Den Schritt in die eigene Wohnung hat Celine bisher nie bereut.		
c) Celine sagt, sie habe zwar nicht viel Geld zur Verfügung. Sie hebt jedoch hervor, dass sie sehr gut damit klarkommt.		
d) Celine ist direkt aus der gemeinsamen Wohnung mit ihrer Mutter und ihrem Stiefvater in eine eigene Wohnung mit ihrem Freund gezogen.		

2 Kreuze alle Aussagen an, die im Hörtext genannt werden.

a) ☐ In dem Interview geht es um die Erfahrungen einer sechzehnjährigen Schülerin mit der ersten eigenen Wohnung.

b) ☐ Angesprochen werden neben einigen Vorteilen auch zahlreiche Schwierigkeiten, wie der Umgang mit der Arbeit im Haushalt, der hohe Zeitaufwand dafür und das Zusammenleben mit dem Freund.

c) ☐ Als Fazit empfiehlt sie, diesen Schritt auch schon mit 16 zu wagen, weil man sehr viel selbstständiger wird und viel mehr Freiheiten hat.

d) ☐ Celines Eltern waren mit dem Schritt in die eigene Wohnung zwar einverstanden, weil sie der Meinung waren, dass das eine einmalige Chance sei. Sie haben Celine jedoch nicht zugetraut, dass sie mit der eigenen Wohnung zurechtkommt.

3 Schreibe den Text weiter entsprechend der Aussagen des Interviews.

Als Celine an die ersten Tage in ihrer eigenen Wohnung zurückdenkt, erinnert sie sich daran,

dass es schon etwas komisch war. Als sie nach ein paar Tagen begriff, welchen großen Schritt sie

geschafft hatte, fühlte sie sich

_____

_____

_____

_____

_____

_____

4 *Ergänze den folgenden begonnenen Satz:*

Bei dem Hörtext handelt es sich um ein Interview und nicht um eine Reportage, denn

_____

_____

_____

_____

_____

5 *Notiere die beiden Empfehlungen, die Celine allen Jugendlichen gibt, die überlegen zu Hause auszuziehen.*

1. _____

_____

_____

2. _____

_____

_____

_____

6 *Streiche in der Liste der Vorteile und in der Liste der Nachteile die Aussagen durch, die im Interview nicht angesprochen werden.*

Vorteile: Ich fühle mich in der eigenen Wohnung viel freier; ich kenne mich seit dem Umzug in die eigene Wohnung sehr gut mit den notwendigen behördlichen Formalitäten aus; ich kann mehr allein entscheiden; ich hab sogar das Gefühl, erwachsen zu sein; ich lerne Verantwortung für andere zu übernehmen.

Nachteile: Nach der Arbeit muss ich noch die Hausarbeit erledigen; ich habe nicht mehr so viel Freizeit; ich kann mir finanziell nichts mehr leisten; es ist oft niemand da, mit dem man reden kann; die Verantwortung für die eigene Wohnung empfinde ich als erdrückend.

> **Tipp**
> Gib die Ergebnisse zum Hörverstehen erst ab, wenn du alle Aufgaben bearbeitet hast. Sonst verschenkst du Punkte!

Übungen zum Zweiten Prüfungsteil

Übungen zu Sachtexten

Mit Diagrammen arbeiten

Info

Diagramme verstehen

Neben Tabellen und Schaubildern werden in Sachtexten vor allem Diagramme dazu genutzt, Informationen übersichtlich darzustellen.
Man unterscheidet folgende Diagrammtypen:

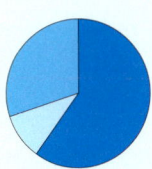 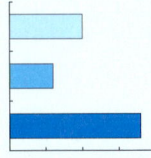 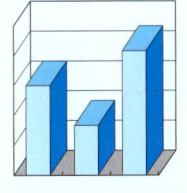 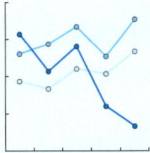

| Kreisdiagramm | Balkendiagramm | Säulendiagramm | Kurven- oder Liniendiagramm |

Um Diagramme verstehen zu können, sind folgende Informationen wichtig:
– Überschrift (gibt das Thema des Diagramms an),
– Legende (erklärt zum Beispiel, was bestimmte Farben und Symbole bedeuten),
– x-Achse und y-Achse (informieren über Maßeinheiten und deren Intervalle).

Diagramme liefern entweder Informationen zu **Größenverhältnissen** oder zu **Entwicklungen**.

1 *Sieh dir die oben abgebildeten Diagrammtypen noch einmal an. Schreibe dann in die rechte Tabellenspalte, ob der jeweilige Diagrammtyp Größenverhältnisse oder Entwicklungen darstellt.*

Diagrammtyp	stellt dar ...
Kreisdiagramm	
Balkendiagramm	
Säulendiagramm	
Kurven- oder Liniendiagramm	

2 *Notiere, mit welchem Diagrammtyp du die folgenden Informationen darstellen könntest.*

Der gesunde Waldbestand liegt noch bei etwa 25 %.

Die durchschnittliche Lebenserwartung ist in den letzten Jahren weiter gestiegen.

Beim diesjährigen Filmwettbewerb erhielt Film A 30 % Zustimmung, Film B 45 % und Film C 25 %.

Diagramme beschreiben und auswerten

In der Abschlussprüfung wird von dir verlangt, dass du die Informationen eines Diagramms (vielleicht auch einer Tabelle oder eines Schaubildes) kurz beschreibst und auswertest. Dabei empfiehlt es sich, immer auch auf den Titel, die Herkunft (Quellenangabe) und die Aktualität (Jahresangabe) des Diagramms zu achten.

1 *Schaue dir das Diagramm genau an. Beantworte dann die Fragen.*

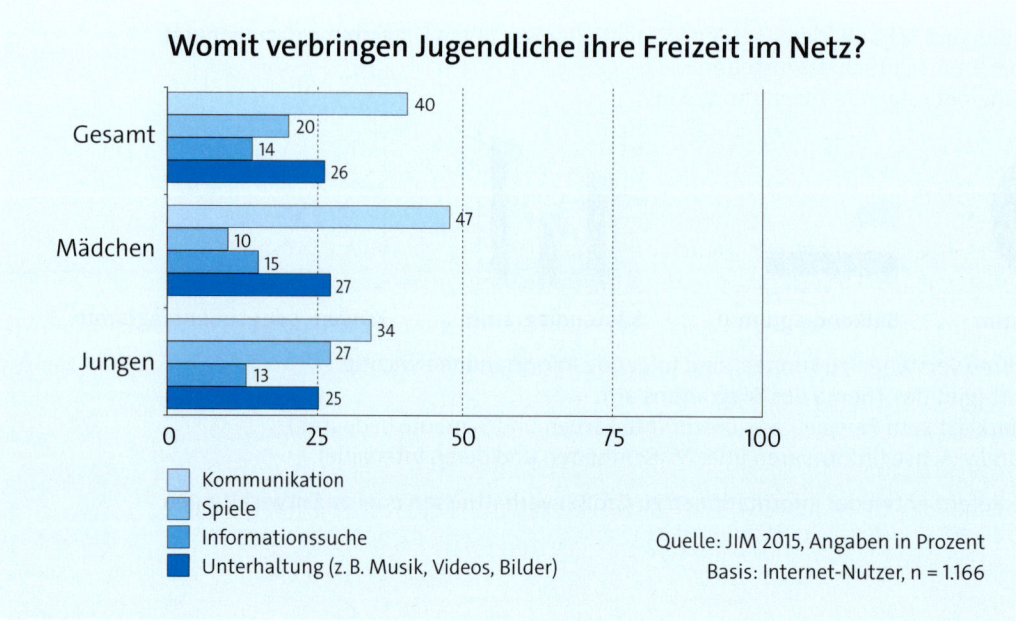

a) *Um welche Art von Diagramm handelt es sich?*

_____

b) *Um welches Thema geht es in dem Diagramm?*

_____

_____

c) *Welche Herkunft hat das Diagramm, aus welchem Jahr ist es?*

_____

d) *Welche Zahlen, Größen oder Fakten vermittelt das Diagramm?*

_____

_____

_____

_____

e) *Wie lässt sich das Diagramm vorstellen und zu einer Gesamtaussage zusammenfassen?*

„Immer Ärger mit dem Handy" – verschiedene Materialien zu einem Thema erschließen

Auf den folgenden Seiten beschäftigst du dich mit einem Diagramm / einer Grafik und du untersuchst ein Interview mit Experten zum Thema „Mediennutzung von Kindern und Jugendlichen".
Anhand der Grafik und des Textes sollst du Argumente für eine begründete Stellungnahme in einem Blogbeitrag erarbeiten.

Informationen aus einem Diagramm (einer Grafik) entnehmen

Ich habe Stress oder Ärger ...
– häufig/gelegentlich –

Quelle: JIM 2015, Angaben in Prozent
Basis: alle Befragten, n = 1.200

1 *Du siehst oben eine Grafik aus einer Jugendstudie, für die Jugendliche zwischen 12 und 19 Jahren befragt wurden. Betrachte die Grafik genau und kreuze anschließend in den folgenden Sätzen alle richtigen Aussagen an.*

a) ☐ Es handelt sich um ein Balkendiagramm.

b) ☐ 35 Jungen haben häufig Ärger, weil sie zu lange am PC/an Konsolen oder mit Handys spielen.

c) ☐ Mädchen haben weniger Ärger wegen ihrer Mediennutzung.

d) ☐ Man kann sagen, dass es in der Dauer der Fernsehzeiten zwischen Mädchen und Jungen keinen Unterschied gibt.

e) ☐ Mädchen und Jungen haben gleich häufig Ärger wegen der Dauer ihrer Fernsehzeit.

f) ☐ Vergleicht man die Geschlechter, lässt sich feststellen: Jungen haben eher Ärger, weil sie zu lange spielen. Mädchen eher, weil sie sich zu Hause zu lange mit dem Handy beschäftigen.

g) ☐ Es gibt bei den Jugendlichen Stress oder Ärger vorwiegend wegen der Dauer der Mediennutzung, aber nicht wegen der Inhalte.

2 *Kannst du die Ergebnisse der Befragung bestätigen oder stimmst du damit nicht überein? Schreibe zwei Stichpunkte auf!*

_____

_____

_____

Einen Sachtext untersuchen

3 *Lies das Interview. Markiere im Text alle Stellen, die Ratschläge für Eltern enthalten zum Thema „Wie gehe ich mit der digitalen Mediennutzung meines Kindes um?".*

Mutter: Am Wochenende darf meine siebenjährige Tochter fernsehen und mein Tablet benutzen, unter der Woche nicht. Montags kommt sie mir vor wie auf Entzug. Ist das normal?

Bert te Wildt[1]: Viele Eltern erleben das: Wenn Kinder zu viel am Computer gespielt haben, fallen sie danach in ein Loch, wissen nichts mehr mit sich anzufangen. So ein extremer Rhythmus wie hier beschrieben ist problematisch. Dass das Kind am Montag schlechte Laune hat, ist nachvollziehbar. Ich würde dafür plädieren, auch die Zeiten am Wochenende zu begrenzen. Bis zum Alter von 8 Jahren würde ich Computerspiele generell vermeiden. Kinder können erst danach sicher zwischen Fiktion und Realität unterscheiden. Die Entwicklungsaufgaben von Siebenjährigen werden eher durch freies Spiel, in Bewegung und im unmittelbaren Miteinander erfüllt. Fernsehen und Tablets können das nicht ersetzen.

Mutter: Ich habe klare Regeln aufgestellt, aber manchmal weiche ich aus Bequemlichkeit davon ab. Wie viele Ausnahmen darf ich machen, damit eine Regel noch eine Regel ist?

Bert te Wildt: Es ist grundsätzlich wichtig, sich innerhalb der Familie auf Regeln zu verständigen und sie einzuhalten, damit eine Verlässlichkeit entsteht. Viele Eltern haben kein Bewusstsein für die Notwendigkeit, den digitalen Konsum zu reglementieren, oder sie haben aufgegeben. Ausnahmen sollten aber gut begründet sein und nicht aus Resignation entstehen. Sich gemeinsam ein Fußball-Länderspiel bei der WM anzusehen, obwohl an Wochentagen spätabends eigentlich Fernsehverbot herrscht, ist etwas anderes, als vor lauter Ermüdung zu kapitulieren und die Kinder mit Computern und Tablets sich selbst zu überlassen, um Diskussionen aus dem Weg zu gehen.

1 Leiter der Ambulanz der Klinik für Psychosomatik und Psychotherapie am Universitätsklinikum in Bochum

4 *Notiere drei Ratschläge des Experten jeweils mit einer Begründung.*

_____

_____

_____

_____

_____

_____

5 **a)** *Lies die Fortsetzung des Interviews.*

Mutter: Mein Sohn spielt mit seinem Freund mit großer Leidenschaft „Minecraft". Sie sitzen dann beide bei sich zu Hause am Computer und telefonieren die ganze Zeit dazu. Wenn
45 ich frage, warum sie sich nicht treffen oder zum Fußballspielen rausgehen, dann bekomme ich die sozial erwünschte Antwort: Aber wir machen doch was zusammen und unterhalten uns sogar! Hat der Junge Recht?

b) *Wie würdest du die Frage der Mutter beantworten? Notiere zwei Gründe für deine Meinung.*

_____

_____

_____

_____

6 *Lies das Interview weiter, markiere drei Textstellen, in denen Gründe genannt werden, warum das Handy für Jugendliche von größter Bedeutung ist.*

50 *Sabina Misoch[2]:* Medienbezogene Freizeitbeschäftigungen nehmen heute immer mehr Raum ein. Computerspiele sind inzwischen ein Teil der normalen Sozialisation, besonders für männliche Jugendliche. Wir Erwachsenen kön-
55 nen nicht erwarten, dass die Jugendlichen heute so medienabstinent aufwachsen wie frühere Generationen. Zudem finde ich gerade dieses Beispiel nicht problematisch, da die beiden beim Telefonieren wahrscheinlich Strategien abspre-
60 chen und sich über anderes unterhalten – das ist soziale Interaktion.

Mutter: Es macht mich wahnsinnig, wenn ich Jugendliche beobachte, wie sie zusammensitzen, sich unterhalten, aber trotzdem die ganze Zeit ihr Handy in der Hand haben, um über 65 WhatsApp zu chatten. Kann ich da als Mutter auch mal deutlich meinen Unmut äußern oder hab ich das als die neue Kultur des Zusammenseins zu akzeptieren?

Angelika Beranek[3]: Klar darf man seinen 70 Unmut äußern. Aber man sollte auch verstehen, was die Jugendlichen da tun. Was man als Außenstehender als antisoziales Verhalten wahrnimmt, ist oft sozialer, als man denkt. Wenn man Teenager fragt, warum sie das tun, dann 75 sagen sie oft: weil bestimmte Personen gerade nicht dabei sind und wir sie nicht aus der Gruppe

---

2 Jugend- und Alterssoziologin an der Fachhochschule St. Gallen

3 Professorin mit Schwerpunkt Medienbildung an der Hochschule München

ausschließen wollen. Deshalb binden wir sie über WhatsApp in unser Gespräch ein. Außer
80 dem ist es eine Möglichkeit, ein Gespräch auch mal im Geheimen zu führen, gerade wenn man glaubt, dass die Eltern in der Nähe sind und mithören könnten. Ich beobachte aber auch, dass Jugendliche zunehmend selbst genervt reagie-
85 ren. Wenn sie abends weggehen, stellen sie ab einem gewissen Alter oft eigene Regeln auf. Zum Beispiel: Alle Handys in die Mitte des Tisches, und wer zuerst zugreift, zahlt die nächste Runde.

90 *Sabina Misoch*: Das Handy hat für Jugendliche unter anderem die Funktion einer Identitätserweiterung – und es ist ein Inklusionsmedium. Deshalb ist es für Jugendliche heute extrem schwierig, ohne Handy zu sein. Handy-
95 entzug ist also keine akzeptable Maßnahme, sondern es geht mehr um Regeln der Nutzung und handyfreie Zonen und Zeiten.

Mutter: Meine pubertierende Tochter erhält unzählige WhatsApp-Nachrichten am Tag. Oft
100 schicken sich die Kinder einfach nur Smileys, Herzchen, Küsschen. Ist das alles nur oberflächliche Show oder sorgen die Messenger für mehr soziale Nähe?

Sabina Misoch: Unser erwachsener Begriff von Kommunikation ist sehr informationsbezo-
105 gen. Die Kommunikation von Jugendlichen dagegen ist in erster Linie sozial orientiert. Ich mag dich, denk an dich, bin bei dir. Wir nennen das die phatische Funktion der Sprache. Dabei dient Kommunikation dazu, soziale Beziehungen auf-
110 rechtzuerhalten. Natürlich in einem Maße, das wir als Erwachsene nicht nachvollziehen können, weil es so viel Raum einnimmt.

Angelika Beranek: Im Jugendalter ist es ganz normal, dass man sich ständig rückversichert,
115 wie der Freund oder der Klassenkamerad gerade zu einem steht. Das hat mit der eigenen Unsicherheit zu tun und gehört mit zum Aufwachsen. Das „Ich hab dich lieb" über WhatsApp ist eine Freundschaftsbekundung, wenn man sich
120 gerade nicht persönlich gegenübersteht. Wie das Händchenhalten zweier Freundinnen, die gemeinsam in der Stadt unterwegs sind. Ein Offline-Phänomen also, nur online ausgeführt. Die „Herzchen für alle" zeigen auch, dass Ju-
125 gendliche sich viel extremer ausdrücken, viel expressiver sind als wir Erwachsenen.

7 *Fasse deine Ergebnisse aus den Aufgaben 1–6 in einer Mindmap zum Thema „Immer Ärger mit dem Handy" zusammen.*

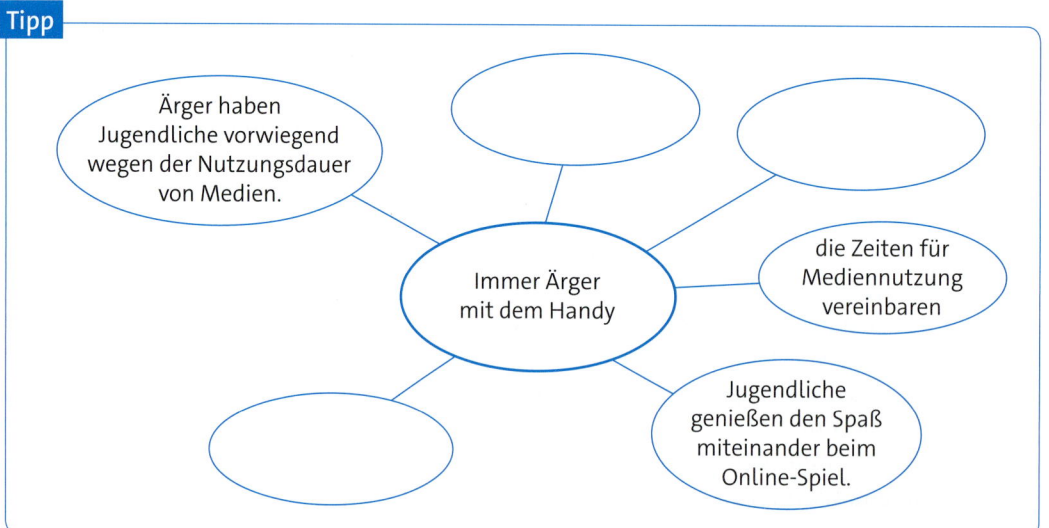

Tipp

Ärger haben Jugendliche vorwiegend wegen der Nutzungsdauer von Medien.

Immer Ärger mit dem Handy

die Zeiten für Mediennutzung vereinbaren

Jugendliche genießen den Spaß miteinander beim Online-Spiel.

Eine Schreibaufgabe lösen

1 *Schüler waren bei dem Interview nicht eingeladen. Die Zeitung fordert Jugendliche auf, in einem Blogbeitrag mit Empfehlungen an die Eltern zu antworten.*
Verfasse mithilfe deiner Mindmap einen Blogbeitrag an die Redaktion. Schreibe in dein Heft.

Argumentieren

Eine Gliederung zu einer Argumentation anlegen

Info

Gliederung einer Argumentation

Im **Hauptteil** einer Argumentation (Problemerörterung oder Stellungnahme) werden Pro und Kontra eines Themas diskutiert. Deshalb besteht der Hauptteil immer aus einem Abschnitt mit Pro-Argumenten und einem Abschnitt mit Kontra-Argumenten.

Die **Reihenfolge der Abschnitte** hängt von deiner eigenen Meinung zum Thema ab. Argumente, die deine Meinung stützen, stellst du im Hauptteil nach hinten. Das ist sinnvoll, weil sie so näher an den Schluss deiner Erörterung rücken, in dem du deine eigene Meinung zum Thema darlegst und begründest.

Pro: Wenn du die Pro-Meinung vertrittst, dann beginnst du mit den Kontra-Argumenten.	**Kontra:** Wenn du die Kontra-Meinung vertrittst, dann nennst du zuerst die Pro-Argumente.
Deine Meinung ist PRO	**Deine Meinung ist KONTRA**
Kontra-Argumente Überleitung ↓ Pro-Argumente	Pro-Argumente Überleitung ↓ Kontra-Argumente

Auch die **Reihenfolge der einzelnen Argumente** innerhalb der Pro- und der Kontra-Abschnitte folgt einer Ordnung. Sortiere sie vom weniger wichtigen bis zum wichtigsten Argument. Dein letztes Argument erhält dadurch das größte Gewicht.

1 *Die folgenden Argumente gehören zu dem Thema „Ist Lügen generell abzulehnen?".*

a) *Schreibe in die Kästchen links, ob es sich jeweils um ein Pro- oder um ein Kontra-Argument handelt. Notiere ein „P" für Pro und ein „K" für Kontra.*

a) ☐ Lügen schafft dauerhaft Misstrauen, weil die Personen, die belogen werden und nachträglich von der Lüge erfahren, enttäuscht sind. Zum Beispiel … ◯

b) ☐ Lügen erleichtern den Alltag, da man Ereignisse beschönigen und positiv darstellen kann. Beispielsweise … ◯

c) ☐ Lügen lohnt sich nicht, denn irgendwann wird man doch erwischt. Mein … zum Beispiel … ◯

d) ☐ Lügen kann auch Vorteile haben, weil man dadurch manchmal schneller zu einem bestimmten Ziel kommt. Zum Beispiel … ◯

e) ☐ Lügen kann manchmal sogar gut sein, weil es den Mitmenschen in manchen Fällen weh tut, die Wahrheit zu hören. Beispielsweise … ◯

f) ☐ Die Wahrheit ist die Grundlage für ein gutes Zusammenleben. Wenn man nicht weiß, ob man Eltern oder Freunden trauen kann, ist man ständig verunsichert. Ich zum Beispiel … ◯

b) *Ordne die einzelnen Pro-Argumente und die einzelnen Kontra-Argumente nach ihrer Wichtigkeit, indem du sie durchnummerierst. Schreibe in die Kreise rechts.*

2 *Welche Meinung hast du zu diesem Thema? Bist du dafür oder dagegen, Lügen generell abzulehnen? Notiere.*

_____

_____

_____

_____

_____

_____

3 *Ordne nun die Argumente. Übertrage dazu die markierten Behauptungen aus Aufgabe 1 auf die Linien.*

Gegenmeinung

Erstes Argument: _____

Zweites Argument: _____

Drittes Argument: _____

Deine Meinung

Erstes Argument: _____

Zweites Argument: _____

Drittes Argument: _____

Einen Musteraufsatz untersuchen

Info

Aufbau eines Arguments

Ein **vollständiges Argument** besteht aus Behauptung, Begründung und Beispiel.

Die **Behauptung** muss überzeugend begründet werden.
Die **Begründung** stützt die Behauptung. Du kannst dafür z. B. eigene Erfahrungen, Fakten, Gesetze oder statistische Angaben verwenden.
Das **Beispiel** veranschaulicht die Begründung.

1 **a)** *Lies die folgende Mustererörterung und untersuche die Argumentation. Markiere in den einzelnen Argumenten Behauptung, Begründung und Beispiel in verschiedenen Farben.*

Piercingverbot – ja oder nein?

Piercing ist „in" und zu einem Massentrend geworden. Beliebt sind Piercings in der Nase, in den Lippen, den Augenbrauen, im Ohr oder im Bauchnabel.

Die Gegner dieses Körperschmucks heben hervor, dass beim Piercen viel gepfuscht wird und deshalb ein hohes Risiko besteht, sich mit Krankheiten wie Gelbsucht oder Aids anzustecken.

Befürworter des Piercings sind dagegen der Meinung, dass Gefahren für die Gesundheit ausgeschlossen werden können, wenn ein Piercing von Fachleuten ausgeführt wird.

Da fragt man sich: Sollte Piercing verboten werden oder nicht? Ich möchte diese Frage im Folgenden erörtern. Zunächst gehe ich auf die Argumente ein, die für ein Verbot sprechen.

Der Traum vom eigenen Piercing kann schnell zum Albtraum werden, denn Piercingangebote auf Partys oder in Hinterzimmern von Diskos erfüllen die Hygieneanforderungen oft nicht. So können beim Durchlöchern der Haut durch infizierte Instrumente Allergien, Gelbsucht oder Aids-Viren übertragen werden. Viel häufiger sind allerdings schmerzhafte Entzündungen als Folge einer unsachgemäßen Piercingoperation.

Krankenkassen registrieren z.B. immer wieder Piercingfälle, bei denen teure und schmerzhafte Nachbehandlungen notwendig wurden.

Dieses vermutlich häufigste Problem ergibt sich daraus, dass Jugendliche beim Kauf auf den Preis achten müssen, sodass für den Körperschmuck oft minderwertige Metalle verwendet werden. Das kann sehr gefährlich werden, weil dadurch Allergien und Entzündungen ausgelöst werden können. Werden beispielsweise beim Zungenpiercing unedle Metalle verwendet, kann dies sogar den Zahnschmelz zerstören.

Es gibt jedoch auch Argumente, die gegen ein allgemeines Piercingverbot sprechen.

Da Piercings nicht nur schön sind, sondern auch viel Geld kosten, bevorzugen viele Leute preiswerte Piercingangebote. Deswegen sparen diejenigen, die Piercing besonders preiswert anbieten, auch beim Schmuck. Wer sich piercen lassen möchte, der sollte jedoch nicht zu sehr auf das Geld achten. In guten Piercingstudios erhält man eine umfassende Beratung über die verschiedenen Metalle. Das ist sehr wichtig, weil nur gute Qualität des Schmucks garantiert, dass das Piercing auf Dauer nicht schadet. Was nützt es, wenn ein Piercing billig ist, aber die Haut rot anschwillt und schmerzt? Beispiele für die Folgen der Verwendung billiger Metalle findet man auf der Homepage vieler Hautärzte.

Piercing ist ungefährlich, wenn es in einem perfekten Piercingstudio ausgeführt wird. Ein Gesundheitsrisiko ist dann nahezu ausgeschlossen. Denn ein Piercingstudio hat Ähnlichkeit mit einer Arztpraxis, dort ist Hygiene selbstverständlich. Zum fachgerechten Piercen werden Handschuhe getragen und sterile Bestecke benutzt. Werden die Regeln beachtet, besteht kein Anlass, das Piercen der Haut in Deutschland grundsätzlich zu verbieten. In meinem Freundeskreis gibt es schließlich eine Reihe von Mädchen und Jungen, die in einem Studio gepierct wurden und keinerlei Probleme damit haben.

Randspalte:

Thema

Einleitung:
Einführung

Grundposition pro:
Piercing soll verboten werden

Grundposition kontra:
Piercing soll nicht verboten werden

Überleitung zum Hauptteil

Hauptteil A
Pro-Argument 1:
Behauptung
Begründung

Beispiel

Pro-Argument 2:

Überleitung

Hauptteil B
Kontra-Argument 1:

Kontra-Argument 2:

Meiner Ansicht nach sollte man Piercing nicht verbieten, denn Körperschmuck gehört einfach zu einem modernen Outfit. Wem es 55 gefällt, der soll es auch machen dürfen. Ich finde es aber wichtig, dass die gesetzlichen Bestimmungen eingehalten werden. Dazu gehört, dass Jugendliche unter 18 Jahren sich nur mit schriftlicher Einwilligung der Eltern piercen lassen dürfen. Am wichtigsten ist aus meiner Sicht das Einhalten der Hygienevorschriften. Ein von 60 einem Fachmann vorgenommenes Piercing kann sehr trendy aussehen und viele Blicke anziehen. Ich bin allerdings der Meinung, gegen das illegale Piercen sollten die Behörden strenger vorgehen, um Jugendliche vor gesundheitlichen Risiken zu schützen.

Schluss:
Stellungnahme und Begründung

b) *Umkreise im Musteraufsatz die Wörter, die Begründungen einleiten.*

Info

Gliederungsmöglichkeiten

Es kann vorkommen, dass du deine Gliederung entweder numerisch oder alphanumerisch ausführen sollst. Das bedeutet, wenn zur Gliederung **Zahlen** verwendet werden, ist sie **numerisch**. **Alphanumerisch** ist die Gliederung, wenn mit **Buchstaben und Zahlen** gegliedert wird.

Numerische Gliederung	Alphanumerische Gliederung
1 Einleitung	A Einleitung
2 Hauptteil	B Hauptteil
2.1 Pro oder Kontra	B1 Pro oder Kontra
2.1.1 Erstes Argument	B1.1 Erstes Argument
2.1.2 Zweites Argument	B1.2 Zweites Argument
2.1.3 Drittes Argument	B1.3 Drittes Argument
2.2 Pro oder Kontra	B2 Pro oder Kontra
2.2.1 Erstes Argument	B2.1 Erstes Argument
2.2.2 Zweites Argument	B2.2 Zweites Argument
2.2.3 Drittes Argument	B2.3 Drittes Argument
3 Schluss (persönliche Stellungnahme)	C Schluss (persönliche Stellungnahme)

2 *Notiere die Pro- und Kontra-Argumente aus dem Musteraufsatz stichpunktartig in numerischer Gliederung.*

3 *Erkläre, welche Position der Schreiber des Aufsatzes vertritt. Begründe mit der Anordnung der Argumente.*

Auf der Grundlage eines Sachtextes argumentieren

1 **a)** *Lies den folgenden Text aufmerksam und unterstreiche Schlüsselbegriffe und dir unbekannte Wörter.*

Unsere Ozeane versinken im Plastikmüll *Stephanie Probst*

Etwa 70 Prozent der Oberfläche der Erde sind von Wasser bedeckt. Doch heute schwimmen in jedem Quadratkilometer der Meere zehntausende Teile Plastikmüll, die [...] eine allgegen-
5 wärtige Gefahr für Fische, Vögel und Meeressäuger sind. Plastik-Giftstoffe können auch über Fische in die menschliche Nahrung gelangen.

[...] Drei Viertel des Meeresmülls bestehen aus Plastik. Dieses Plastik ist ein ständig wach-
10 sendes Problem, kostet jedes Jahr zehntausende Tiere das Leben und gefährdet auch uns Menschen. Denn bis zur völligen Zersetzung von Plastik können 350 bis 400 Jahre vergehen. Zunächst zerfällt es lediglich in immer kleinere
15 und noch kleinere Partikel, so genannte Mikropartikel. Wenn wir heute barfuß einen Strand entlanglaufen, haben wir neben den Sandkörnern meist auch viele feine Plastikteilchen unter den Füßen.
20 Im Meer sind gerade diese kleinen Partikel ein großes Problem, da sie von den Meerestieren mit Plankton[1] verwechselt werden. „Sogar in Muscheln, die Plankton filtrieren, konnte man schon kleine Plastikteilchen nachweisen. An
25 manchen Stellen befindet sich heute sechsmal mehr Plastik als Plankton im Meereswasser und auch das Plankton selbst reichert feinste Plastikteilchen in sich an", erklärt Stephan Lutter, WWF[2]-Experte für Meeresschutz.
30 Mikropartikel, kleiner als ein Millimeter, gelangen problemlos in die Körper von Meerestieren und durch deren Verzehr auch in den menschlichen Organismus. Welche Auswirkun-

gen das haben kann, ist noch nicht endgültig erforscht. Doch eines ist sicher: Plastik enthält 35 Giftstoffe wie Weichmacher und Flammschutzmittel, die den Meeresbewohnern schaden und durch die Nahrungskette auch den Menschen erreichen können. „Vor allem in Elektronikteilen sollen Flammschutzmittel die Entzündbarkeit 40 senken", erklärt Stephan Lutter. „Wenn Plastikteilchen von Meerestieren aufgenommen werden, wandern die Giftstoffe letztlich ins Fettgewebe. Sie sind fettlöslich und schwer abbaubar, deshalb reichern sie sich dort an. Solche 45 Umweltgifte können wie Hormone wirken, krebserregend sein und die Fruchtbarkeit schädigen." [...]

Der Müll in unseren Ozeanen besteht aus Plastiktüten, PET-Flaschen, Feuerzeugen, Zahn- 50 bürsten, Einmalrasierern, Dämm-Material und vielen anderen Dingen mehr. Die bunten Plastikteile werden viel zu oft mit Nahrung verwechselt. So findet man immer häufiger Kadaver[3] von Seevögeln mit Kunststoffteilen im 55 Magen. Die Tiere ersticken, erleiden tödliche Verstopfungen oder verhungern bei vollen Mägen. Der Mageninhalt von toten Eissturmvögeln ist inzwischen ein anerkannter Nachweis für die Verschmutzung unserer Meere. Denn Eis- 60

---

1 Plankton: tierische und pflanzliche Lebewesen im Wasser, die sich nicht selbst bewegen können
2 World Wide Fund for Nature (WWF): Internationaler Verband zum Schutz wild lebender Pflanzen und Tiere

3 Kadaver: toter Körper eines Tieres

sturmvögel sind Hochseevögel – was sie fressen, stammt aus dem Meer. Bei einer Untersuchung fanden Wissenschaftler bei 93 Prozent der Eissturmvögel Plastikteile im Magen. Im Durchschnitt 27 Partikel pro Vogel. Doch nicht nur Seevögel sind betroffen, sondern auch Meeressäuger und Fische. Die Lederschildkröte beispielsweise frisst hauptsächlich Quallen. Immer öfter verwechselt sie jedoch im Wasser treibende Plastiktüten mit ihrer Lieblingsmahlzeit. Und in Schottland hat man schon vor einigen Jahren einen verendeten Zwergwal am Strand gefunden – mit 800 Kilogramm Plastik im Bauch. Das Verwechseln mit Nahrung ist nicht das einzige Problem, das der Zivilisationsmüll in unseren Gewässern bedeutet. Häufig verfangen sich Tiere im Müll und verenden dann qualvoll. [...]

Jedes Jahr landen fast sieben Millionen Tonnen Plastikmüll in unseren Meeren und bilden teilweise gigantische Müllstrudel im Wasser: In der Mitte der Ozeane gibt es große, kreisförmige Meeresströmungen, die den Müll in sich aufnehmen und stetig herumwirbeln.

Der bekannteste Müllstrudel ist der „Great Pacific Garbage Patch" im Nordpazifik, der seit Jahrzehnten wächst und wächst. Inzwischen ist er so groß wie ganz Zentraleuropa. „Das ist bei weitem nicht der einzige Müllteppich, derartige Strudel gibt es in allen Ozeanen", betont Stephan Lutter. „Im Nordatlantik hat man zum Beispiel auch einen Müllstrudel entdeckt. Und bei uns in Nord- und Ostsee treibt ebenfalls jede Menge Müll, obwohl das eigentlich Sondergebiete sind: Da darf eigentlich gar kein Müll von Schiffen über Bord gehen!"

In jedem Quadratkilometer Meer schwimmen heute bis zu 46 000 Teile Plastikmüll. Die Menge des treibenden Mülls an der Wasseroberfläche ist so groß, dass dieser vom Weltraum aus zu erkennen ist – als riesige Müllteppiche, die mit den Meeresströmungen wandern. Dabei sind die Abfälle an der Meeresoberfläche nur die Spitze des Eisberges. Mehr als 70 Prozent des Mülls sinken auf den Grund. Zurück an Land gelangen nur 15 Prozent der Plastikabfälle. Doch allein diese bieten ein eindeutiges Bild, das besonders die Inseln im Indischen Ozean und im Pazifik prägt: Der Müll färbt die Küsten bunt.

Auch deutsche Inseln leiden unter dem Müllproblem. Auf Mellum nahe Wilhelmshaven findet sich jede Menge angeschwemmter Abfall am Strand. Die Nordseeinsel ist nicht bewohnt und es gibt hier keine Touristen. Auf Mellum wird weder Müll verursacht noch entsorgt. Deshalb sind die Insel und ihr Strand heute ein eindeutiger Indikator für die Verschmutzung der Nordsee – ein Indikator[4], der schon mal auf 100 Metern Strand über 700 Teile Müll aufweist. [...] Das Treibgut am Mellumer Strand besteht zu etwa 80 Prozent aus Plastik und anderen Kunststoffen. Hier finden sich Dosen, Plastikbecher, Styropor und beispielsweise Luftballonschnüre, die immer wieder Seevögel strangulieren. Auf der Insel brüten auch regelmäßig Löffler. Ihre Nester bestehen nicht aus natürlichen Materialien, sondern aus Plastiktüten. So klein die Insel Mellum ist, sie zeigt das Ausmaß des Müllproblems in unseren Meeren.

Neben den gesundheitlichen Bedrohungen für Mensch und Tier hat der Müll im Meer auch ökonomische Folgen. Tourismusgebiete sind bedroht, Strände müssen ständig gesäubert werden, der Müll verfängt sich regelmäßig in Schiffsschrauben und Fischernetzen. Auch die Landwirtschaft leidet unter verschmutztem Weideland in Küstennähe. Bei Kraftwerken verursacht der Müll Schäden bei der Kühlwasseraufnahme, bei Entsalzungsanlagen blockiert er den Wasserkreislauf. Die Verschmutzung unserer Meere führt jedes Jahr zu enormen wirtschaftlichen Schäden. [...]

Der Müll in den Meeren ist ein globales Problem und wir müssen handeln, um es zu lösen. Doch ohne einen strengen Maßnahmenkatalog wird es nicht gehen. Deshalb ist neben Wirtschaft, Industrie und Bürgern auch die Politik gefragt – um neue Richtlinien und Anreize zu schaffen, aber auch die Einhaltung bereits bestehender Gesetze konsequenter zu verfolgen. Es bedarf regionaler und globaler Anstrengungen, um die Verschmutzung unserer Meere zu verringern. Dafür ist auch eine ständige, aktive Zusammenarbeit der zuständigen Behörden weltweit nötig. [...]

---

4 Indikator: zeigt durch Nennung eines Merkmals oder Umstandes eine bestimmte Entwicklung an

b) *Formuliere einen einleitenden Satz (Autor, Titel, Textart) zu dem Artikel. Nenne dabei auch das Thema.*

Tipp

Das Thema eines informierenden Textes wird oft schon in der Überschrift und dem Untertitel oder am Anfang des Textes genannt. Das Textthema kann man auch an den Grund- oder Leitgedanken erkennen. Diese sind oft auch an den Teilüberschriften ablesbar.

2 *Versuche, problematische Textstellen und unbekannte Wörter im Textzusammenhang oder mit dem Wörterbuch zu klären.*

3 *Der Text ist in sechs Abschnitte gegliedert. Ergänze dazu die Tabelle wie folgt:*

a) *Ordne die Buchstaben der Zwischenüberschriften dem jeweiligen Textabschnitt zu.*

a) Die Kosten
b) Gigantische Strudel im Pazifik
c) Tod durch Plastik
d) Plastik vergeht nicht
e) Insel Mellum als Indikator
f) Wir müssen handeln

b) *Notiere in der letzten Spalte zu jedem Absatz die wichtigsten Informationen in Stichpunkten.*

Abschnitt	Zeilen	Buchstabe	Inhalt
1	8−29		
2	30−77		
3	78−108		

4	109 – 128		
5	129 – 141		
6	142 – 154		

Tipp

Oft ist die Antwort auf eine Frage oder Aufgabe nicht nur in einer Textstelle zu finden. Prüfe deshalb deine Antwort stets auf Vollständigkeit, indem du den ganzen Text im Blick behältst.

4 Notiere,

a) wie viel Plastikmüll pro Jahr in die Weltmeere gelangt.

b) wie lange die vollständige Zersetzung von Plastik dauert.

a) _____

b) _____

5 Der Plastikmüll zerfällt im Laufe der Zeit in Mikropartikel. Erkläre,

a) warum die Mikropartikel ein großes Problem für die Meerestiere sind.

b) inwiefern die Mikropartikel auch eine Gefahr für die Menschen darstellen.

a) _____

_____

b) _____

_____

6 Notiere

    a) die Giftstoffe, die in Plastik enthalten sind.

    b) zwei mögliche Folgen, die von ihnen ausgehen können.

    a) _____

    b) – _____

      – _____

7 In den Weltmeeren schwimmen zehntausende Plastikteile pro Quadratkilometer.
Notiere jeweils eine Folge dieses Mülls für die Ernährung und die Mobilität der Tiere.

	Folgen
a) Ernährung	
b) Mobilität	

> **Tipp**
>
> Richtig-Falsch-Aufgaben erfordern, dass man den Gehalt jeder einzelnen Aussage überprüfen muss.
> Die Aussagen wurden meistens nicht wortwörtlich aus dem Text übernommen.

8 Kreuze an, welche der folgenden Aussagen zum Text richtig oder falsch sind.

	richtig	falsch
a) Plastikmüll kann von den Meeresströmungen zu riesengroßen Strudeln geformt werden.	☐	☐
b) Der größte Müllstrudel umfasst derzeit die Größe von Zentraleuropa.	☐	☐
c) Müllstrudel gibt es ausschließlich im Norden des Pazifik und des Atlantiks.	☐	☐
d) Die Ausbreitung der Müllteppiche kann vom Weltraum aus beobachtet werden.	☐	☐
e) Der meiste Meeresmüll schwimmt unter der Meeresoberfläche.	☐	☐

9 Notiere jeweils ein Beispiel für die wirtschaftlichen Schäden der Meeresverschmutzung für die Schifffahrt, den Tourismus und die Landwirtschaft.

	Folgen
a) Schifffahrt	
b) Tourismus	
c) Landwirtschaft	

10 *Notiere mindestens zwei vollständige Argumente (Behauptung, Begründung, Beispiel) aus den Aufgaben 4–9 für das Vermeiden von Plastikmüll und ergänze um ein eigenes Argument. Berücksichtige den Info-Kasten.*

> ### ZUSATZINFOS
>
> Die EU schreibt vor, den Einsatz von Plastiktüten bis Ende 2019 auf maximal 90 und bis Ende 2025 auf maximal 40 Stück pro Kopf und Jahr zu reduzie-
> 5 ren. Deshalb haben sich in Deutschland viele Einzelhändler zu einer freiwilligen Selbstverpflichtung entschlossen, sie nehmen seit April 2016 für jede Einwegtüte 15–20 Cent vom Kunden. Einige Händler beteiligen sich nicht, 10 sie geben ihre Tüten kostenlos ab, weil sie befürchten, dass Kunden Geschäfte bevorzugen, in denen Tüten kostenlos sind. Sie wollen auf den günstigen Werbeträger nicht verzichten und warten 15 auf ein Gesetz.

Eine Schreibaufgabe lösen

1 *In eurer Redaktionssitzung der Schülerzeitung seid ihr durch den Artikel „Unsere Ozeane versinken im Plastikmüll" auf das Thema aufmerksam geworden. Du sollst einen Beitrag für eure Schulhomepage unter der Überschrift „Wir müssen handeln!" verfassen. Deinen Text solltest du mit konkreten Vorschlägen für Aktionen oder Ideen für deine Schule beenden. Schreibe in dein Heft.*

„Europa einzäunen?" – verschiedene Materialien zu einem Thema erschließen (Sachtext, Karikatur)

1 *Lies den folgenden kurzen Sachtext aufmerksam. Er enthält wichtige Vorinformationen zu einer Karikatur.*

Festung Europa – drin ist nur die halbe Miete

Lampedusa[1] in Hamburg

Eingepfercht in Schlauchbooten, klapprigen Fischkuttern oder versteckt im Bauch gigantischer Frachtschiffe begeben sie sich auf ihre gefährliche Reise. Von der nordafrikanischen Küste aus über den Atlantik oder durchs Mittelmeer versuchen afrikanische Flüchtlinge, die Festung Europa zu erreichen. Tausende verdursten oder ertrinken jährlich allein im Mittelmeer. Dabei starten sie voller Hoffnung auf ein besseres – oder zumindest irgendein – Leben.

Angekommen auf europäischem Boden wartet das Asylverfahren. Monate andauernde Ungewissheit gefolgt von teils jahrzehntelangem Dahinvegetieren unter mancherorts kaum zumutbaren Bedingungen. Während sich die EU-Staaten Verantwortlichkeiten zuschieben, bleibt die Menschlichkeit auf der Strecke. Aktuell macht die Initiative „Lampedusa in Hamburg" auf Missstände europäischer Asylpolitik aufmerksam. [...]

1 Lampedusa: italienische Insel im Mittelmeer, auf der viele Bootsflüchtlinge ankommen

2 *Fasse den Inhalt des Sachtextes zusammen. Verwende dazu die beiden Satzanfänge.*

Unter extrem gefährlichen Bedingungen flüchten

Wenn die Flüchtlinge es bis Europa schaffen, erwartet sie

Info

Erschließen einer Karikatur

Die Aufgaben zu einer Karikatur verlangen in der Abschlussprüfung meist vier Schritte, die aufeinander aufbauen. Wenn du einen Schritt auslässt, besteht die Gefahr, dass die Aufgabe ungenau gelöst wird. Lerne deshalb die vier Schritte auswendig. Du kannst dann jede Karikatur bearbeiten.

1. Orientieren: Betrachte die Bild- und Textelemente.

2. Beschreiben: Schreibe auf, was du siehst.
    Beziehe auch die Textelemente mit ein!

3. Erklären: Formuliere in einem Text, was die
    Darstellung bedeuten soll.

4. Beurteilen: Schreibe eine Stellungnahme zu der Darstellung.

---

3 **Orientieren:** *Betrachte alle Einzelheiten der folgenden Karikatur und schreibe sie stichpunktartig auf. Achte dabei auf Kleidung und Körperhaltung der dargestellten Person. Beschreibe auch den Ort des Geschehens in allen Einzelheiten.*

_____

_____

_____

_____

_____

_____

Die Europäische Union: Draußen Verzweiflung – drinnen Friede, Freude, Eierkuchen?
(Karikatur: Michael Holtschulte)

Beschreibung einer Karikatur in Textform

Die Beschreibung einer Karikatur wird sachlich, genau und im Präsens (Gegenwart) formuliert. Sie beginnt mit einem Einleitungssatz. Im Anschluss wird beschrieben, was im Vordergrund und was im Hintergrund zu sehen ist. Wichtige Einzelheiten werden genannt. Die Vollständigkeit und die Genauigkeit deines Textes sind wichtig für eine gute Bewertung.

4 *Beschreiben: Formuliere die Beschreibung der Karikatur in Form eines Textes mithilfe deiner Notizen.*

5 *Erklären: Schreibe nun eine Deutung der bildlichen Darstellung. Beziehe in deine Überlegungen auch die Informationen aus dem Sachtext mit ein.*

Die Karikatur sagt aus, dass Flüchtlinge in der Europäischen Union nicht willkommen sind. Die Europäische Union wird durch die Europaflagge symbolisiert, die hinter einer stark gesicherten Mauer weht. Die Mauer ist unüberwindbar hoch und oben mit

Der Flüchtling, der kriechend gezeichnet ist, sieht so aus, als würde er

Tipp

Stelle dir folgende Fragen:
Was ist zu sehen und was könnte das bedeuten?
Was wird nicht gezeigt, aber indirekt angesprochen?
Was will uns die Zeichnerin/ der Zeichner wohl damit sagen? Werden Witz oder Ironie eingesetzt? Wo?

Der Zeichner will also zum Ausdruck bringen,

_____

_____

_____

_____

_____

> **Tipp**
>
> In einer Stellungnahme geht es um deine Meinung zur Kernaussage einer Karikatur. Im ersten Satz be-
> schreibst du kurz und genau deine Meinung. Danach musst du deine Meinung mit einigen Sätzen begründen.
>
> **So könntest du anfangen:**
> Ich stimme mit der Aussage der Karikatur überein / nicht überein, weil …
> Ich halte die Kernaussage der Karikatur für richtig / nicht für richtig, denn …
> Meiner Meinung nach trifft die Karikatur genau / nicht auf den Sachverhalt zu,
> weil …

6 *Unterstreiche in deiner Lösung zu Aufgabe 5 die Kernaussage farbig.*

7 **Beurteilen:** *Wähle einen der drei Satzanfänge aus dem Tippkasten oben und schreibe eine Stellungnahme zur Kernaussage der Karikatur. Trifft sie deiner Meinung nach zu oder trifft sie nicht zu?
Begründe deine Meinung mit einigen Sätzen.*

_____

_____

_____

_____

_____

_____

_____

_____

_____

_____

_____

Eine weitere Karikatur erschließen

1 *Betrachte alle Einzelheiten der Karikatur „Gereiztes Klima" und notiere sie stichpunktartig. Achte dabei auf Kleidung, Körperhaltung, Mimik und Gestik der dargestellten Tiere und Person. Beschreibe auch den Ort des Geschehens so genau wie möglich.*

GEREIZTES KLIMA

> **Tipp**
>
> 1. Orientieren:
> Betrachten der Karikatur
> mit Notizen
>
> 2. Beschreiben:
> In einem Text aufschreiben,
> was zu sehen ist
>
> 3. Erklären:
> In einem Text formulieren,
> was es bedeutet
>
> 4. Beurteilen:
> Eine Stellungnahme in Text-
> form schreiben

2 *Beschreibe die Karikatur „Gereiztes Klima" in einem zusammenhängenden Text mithilfe deiner Notizen aus Aufgabe 1.*

_____

_____

_____

_____

3 Schreibe eine Deutung zur Karikatur „Gereiztes Klima". Beachte dabei auch die Textelemente. Beziehe in deine Überlegungen außerdem dein Vorwissen zu den Themen „Klimaschutz" und „Klimawandel" mit ein.

> **Tipp**
>
> Gehe auch auf den Titel ein.
> Erkläre das Wortspiel.

_____

_____

_____

_____

_____

_____

_____

_____

_____

4 Schreibe eine Stellungnahme. Formuliere zunächst deine Meinung zur Kernaussage der Karikatur und begründe sie anschließend ausführlich.

_____

_____

_____

_____

_____

_____

_____

_____

Übungen zu literarischen Texten

In der Prüfung musst du Aufgaben zu literarischen Texten bearbeiten. Wichtig ist, dass du die Texte zunächst sorgfältig liest und wichtige oder unklare Stellen markierst. Dann machst du dich an die Bearbeitung der Aufgaben.

Eine Kurzgeschichte analysieren

Im Folgenden werden dir Aufgaben zu einer Kurzgeschichte gestellt. Anhand der Aufgaben analysierst du die Kurzgeschichte komplett. Abschließend bearbeitest du – wie in der Prüfung – eine Schreibaufgabe zum gleichen Text.

① *Lies den folgenden Text aufmerksam.*

Tipp

Infos zum Markieren von Texten erhältst du auf der vorderen inneren Umschlagseite dieses Heftes.

Masken   *Max von der Grün*

Sie fielen sich unsanft auf dem Bahnsteig 3 a des Kölner Hauptbahnhofs in die Arme und riefen gleichzeitig: „Du?!" Es war ein heißer Juli-
5 vormittag, und Renate wollte in den D-Zug nach Amsterdam über Aachen. Erich verließ diesen Zug, der von Hamburg kam. Menschen drängten aus den Wagen auf den Bahnsteig, Menschen vom Bahnsteig in die Wagen, die beiden aber standen in dem Gewühl, spürten weder
10 Püffe noch Rempeleien und hörten auch nicht, dass Vorübergehende sich beschwerten, weil sie ausgerechnet vor den Treppen standen und viele dadurch gezwungen wurden, um sie herumzugehen. Sie hörten auch nicht, dass der Zug nach Aachen abfahrbereit war, und es störte Re-
15 nate nicht, dass er wenige Sekunden später aus der Halle fuhr.

Die beiden standen stumm, jeder forschte im Gesicht des anderen. Endlich nahm der Mann
20 die Frau am Arm und führte sie die Treppen hinunter, durch die Sperre, und in einem Café in der Nähe des Doms tranken sie Tee.

„Nun erzähle, Renate. Wie geht es dir? Mein Gott, als ich dich so plötzlich sah … du … ich war
25 richtig erschrocken. Es ist so lange her, aber als du auf dem Bahnsteig fast auf mich gefallen bist …"

„Nein", lachte sie, „du auf mich."

„Da war es mir, als hätte ich dich gestern zum letzten Male gesehen, so nah warst du mir.
30 Und dabei ist es so lange her …"

„Ja", sagte sie. „Fünfzehn Jahre."

„Fünfzehn Jahre? Wie du das so genau weißt. Fünfzehn Jahre, das ist ja eine Ewigkeit. Erzähle, was machst du jetzt? Bist du verheiratet? Hast du Kinder? Wo fährst du hin? …"
35 „Langsam, Erich, langsam, du bist noch genauso ungeduldig wie vor fünfzehn Jahren.

Nein, verheiratet bin ich nicht, die Arbeit, weißt du. Wenn man es zu
40 etwas bringen will, weißt du, da hat man eben keine Zeit für Männer."

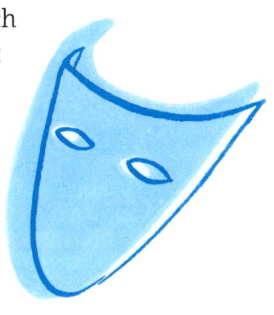

„Und was ist das für Arbeit, die dich
45 von den Männern fernhält?" Er lachte sie an, sie aber sah aus dem Fenster auf die Tauben. „Ich bin jetzt Leiterin eines Textilversandhauses hier in Köln, du kannst dir denken, dass man da von morgens bis abends
50 zu tun hat und …"

„Donnerwetter!", rief er und klopfte mehrmals mit der flachen Hand auf den Tisch. „Donnerwetter! Ich gratuliere."

„Ach", sagte sie und sah ihn an. Sie war rot
55 geworden.

„Du hast es ja weit gebracht, Donnerwetter, alle Achtung. Und jetzt? Fährst du in Urlaub?"

„Ja, vier Wochen nach Holland. Ich habe es nötig, bin ganz durchgedreht. Und du, Erich, was
60 machst du? Erzähle. Du siehst gesund aus."

Schade, dachte er, wenn sie nicht so eine Bombenstellung hätte, ich würde sie jetzt fragen, ob sie mich noch haben will. Aber so? Nein, das geht nicht, sie würde mich auslachen, wie
65 damals.

„Ich?", sagte er gedehnt und brannte sich eine neue Zigarette an. „Ich … ich … Ach weißt du, ich habe ein bisschen Glück gehabt. Habe hier in Köln zu tun. Habe umgesattelt, bin seit
70 vier Jahren Einkaufsleiter einer Hamburger Werft, na ja, so was Besonderes ist das nun wieder auch nicht."

75 „Oh", sagte sie und sah ihn starr an, und ihr Blick streifte seine großen Hände, aber sie fand keinen Ring. Sie erinnerte sich, dass sie vor fünfzehn Jahren nach einem kleinen Streit auseinandergelaufen waren, ohne sich bis heute wiederzusehen. Er hatte ihr damals nicht genügt, der schmalverdienende und immer ölver-

80 schmierte Schlosser. Er solle es erst zu etwas bringen, hatte sie ihm damals nachgerufen, vielleicht könne man später wieder darüber sprechen. So gedankenlos jung waren sie damals. Ach ja, die Worte waren im Streit gefallen

85 und trotzdem nicht böse gemeint. Beide aber fanden danach keine Brücke mehr zueinander. Sie wollten und wollten doch nicht. Und nun? Nun hatte er es zu etwas gebracht.

90 „Dann haben wir ja beide Glück gehabt", sagte sie und dachte, dass er immer noch gut aussieht. Gewiss, er war älter geworden, aber das steht ihm gut. Schade, wenn er nicht so eine Bombenstellung hätte, ich würde ihn fragen, ja,

95 ich ihn, ob er noch an den dummen Streit von damals denkt und ob er mich noch haben will. Ja, ich würde ihn fragen. Aber jetzt?

„Jetzt habe ich dir einen halben Tag deines Urlaubs gestohlen", sagte er und wagte nicht, sie

100 anzusehen.

„Aber Erich, das ist doch nicht so wichtig, ich fahre mit dem Zug um fünfzehn Uhr. Aber ich, ich halte dich bestimmt auf, du hast gewiss einen Termin hier."

105 „Mach dir keine Sorgen, ich werde vom Hotel abgeholt. Weißt du, meinen Wagen lasse ich immer zu Hause, wenn ich längere Strecken fahren muss. Bei dem Verkehr heute, da kommt man nur durchgedreht an."

110 „Ja", sagte sie. „Ganz recht, das mache ich auch immer so." Sie sah ihm nun direkt ins Gesicht und fragte: „Du bist nicht verheiratet? Oder lässt du Frau und Ring zu Hause?" Sie lachte etwas zu laut für dieses vornehme Lokal.

115 „Weißt du", antwortete er, „das hat seine Schwierigkeiten. Die ich haben will, sind nicht zu haben oder nicht mehr, und die mich haben wollen, sind nicht der Rede wert. Zeit müsste man eben haben. Zum Suchen, meine ich. Zeit

120 müsste man haben." Jetzt müsste ich ihr sagen, dass ich sie noch immer liebe, dass es nie eine andere Frau für mich gegeben hat, dass ich sie all die Jahre nicht vergessen konnte. Wie viel? Fünfzehn Jahre? Eine lange Zeit. Mein Gott,

125 welch eine lange Zeit. Und jetzt? Ich kann sie doch nicht mehr fragen, vorbei, jetzt wo sie so eine Stellung hat. Nun ist es zu spät, sie würde mich auslachen, ich kenne ihr Lachen, ich habe

es im Ohr gehabt, all die Jahre. Fünfzehn? Kaum

130 zu glauben.

„Wem sagst du das?" Sie lächelte. „Entweder die Arbeit oder das andere", echote er.

Jetzt müsste ich ihm eigentlich sagen, dass er der einzige Mann ist, dem ich blind folgen

135 würde, wenn er mich darum bäte, dass ich jeden Mann, der mir begegnete, sofort mit ihm verglich. Ich sollte ihm das sagen. Aber jetzt? Jetzt hat er eine Bombenstellung, und er würde mich nur auslachen, nicht laut, er würde sagen, dass ...

140 ach ... es ist alles so sinnlos geworden.

Sie aßen in demselben Lokal zu Mittag und tranken anschließend jeder zwei Cognacs. Sie erzählten sich Geschichten aus ihren Kindertagen und später aus ihren Schultagen. Dann

145 sprachen sie über ihr Berufsleben, und sie bekamen Respekt voreinander, als sie erfuhren, wie schwer es der andere gehabt hatte bei seinem Aufstieg. „Jaja", sagte sie; „genau wie bei mir", sagte er.

150 „Aber jetzt haben wir es geschafft", sagte er laut und rauchte hastig.

„Ja", nickte sie. „Jetzt haben wir es geschafft." Hastig trank sie ihr Glas leer.

Sie hat schon ein paar Krähenfüßchen,

155 dachte er. Aber die stehen ihr nicht einmal schlecht.

Noch einmal bestellte er zwei Schalen Cognac, und sie lachten viel und laut.

Er kann immer noch so herrlich lachen, ge-

160 nau wie früher, als er alle Menschen einfing mit seiner ansteckenden Heiterkeit. Um seinen Mund sind zwei steile Falten, trotzdem sieht er wie ein Junge aus, er wird immer wie ein Junge aussehen, und die zwei steilen Falten stehen

165 ihm nicht einmal schlecht. Vielleicht ist er jetzt ein richtiger Mann, aber nein, er wird immer ein Junge bleiben.

Kurz vor drei brachte er sie zum Bahnhof.

„Ich brauche den Amsterdamer Zug nicht

170 zu nehmen", sagte sie. „Ich fahre bis Aachen und steige dort um. Ich wollte sowieso schon lange einmal das Rathaus besichtigen."

Wieder standen sie auf dem Bahnsteig und sahen aneinander vorbei. Mit leeren Worten

175 versuchten sie, die Augen des andern einzufangen, und wenn sich dann doch ihre Blicke trafen, erschraken sie, und musterten die Bögen der Halle.

Wenn ich jetzt ein Wort sagen würde, dach-

180 te er, dann ...

„Ich muss jetzt einsteigen", sagte sie. „Es war schön, dich wieder einmal zu sehen. Und dann so unverhofft ..."

Ja, das war es. Er half ihr beim Einsteigen und fragte nach ihrem Gepäck.

„Als Reisegepäck aufgegeben."

„Natürlich, das ist bequemer", sagte er.

Wenn er jetzt ein Wort sagen würde, dachte sie, ich stiege sofort wieder aus, sofort.

Sie reichte ihm aus einem Abteil erster Klasse die Hand. „Auf Wiedersehen, Erich ... und weiterhin ... viel Glück."

Wie schön sie immer noch ist. Warum nur sagt sie kein Wort?

„Danke, Renate. Hoffentlich hast du schönes Wetter."

„Ach, das ist nicht so wichtig. Hauptsache ist das Faulenzen, das kann man auch bei Regen."

Der Zug ruckte an. Sie winkten nicht, sie sahen sich nur in die Augen, solange dies möglich war.

Als der Zug aus der Halle gefahren war, ging Renate in einen Wagen zweiter Klasse und setzte sich dort an ein Fenster. Sie weinte hinter einer ausgebreiteten Illustrierten.

Wie dumm von mir, ich hätte ihm sagen sollen, dass ich immer noch die kleine Verkäuferin bin. Ja, in einem anderen Laden, mit zweihundert Mark mehr als früher, aber ich verkaufe immer noch Herrenoberhemden, wie früher, und Socken und Unterwäsche. Alles für den Herrn. Ich hätte ihm das sagen sollen. Aber dann hätte er mich ausgelacht, jetzt, wo er ein Herr geworden ist. Nein, das ging doch nicht. Aber ich hätte wenigstens nach seiner Adresse fragen sollen. Wie dumm von mir, ich war aufgeregt wie ein kleines Mädchen, und ich habe gelogen, wie ein kleines Mädchen, das imponieren will. Wie dumm von mir.

Erich verließ den Bahnhof und fuhr mit der Straßenbahn nach Ostheim auf eine Großbaustelle. Dort meldete er sich beim Bauführer.

„Ich bin der neue Kranführer."

„Na, sind Sie endlich da? Mensch, wir haben schon gestern auf Sie gewartet. Also dann, der Polier zeigt Ihnen Ihre Bude, dort drüben in den Baracken. Komfortabel ist es nicht, aber warmes Wasser haben wir trotzdem. Also dann, morgen früh, pünktlich sieben Uhr."

Ein Schnellzug fuhr Richtung Deutz. Ob der auch nach Aachen fährt? Ich hätte ihr sagen sollen, dass ich jetzt Kranführer bin. Ach, Blödsinn, sie hätte mich nur ausgelacht, sie kann so verletzend lachen. Nein, das ging nicht, jetzt, wo sie eine Dame geworden ist und eine Bombenstellung hat.

Die Erzählperspektive untersuchen

Info

Die Erzählperspektive

Unter der Erzählperspektive versteht man den Blickwinkel, aus dem eine Geschichte erzählt wird und aus dem die Leser Einblick in das Denken und Handeln der Personen in der Geschichte erhalten.

Der **neutrale Erzähler** beschränkt sich auf die Wiedergabe von Fakten und versucht, alles Persönliche auszublenden. Ob die so erzählten „Fakten" dabei tatsächlich der Wirklichkeit entsprechen, ist aber nicht gesichert.

Der **auktoriale Erzähler** ist der Erzähler, der über die Figuren seiner Geschichte alles weiß. Er steht außerhalb der Geschichte, taucht für die Leser aber als Person auf. Er kommentiert und wertet die Handlung, kennt die Vergangenheit und möglicherweise die Zukunft und kann sogar Leser und Figuren ansprechen.

Bei der **Ich-Perspektive** tritt eine Figur der Geschichte in der ersten Person Singular selbst auf. Der Ich-Erzähler ist Erzähler und Handelnder zugleich. Die Leser schauen durch seine Augen auf die erzählte Welt. Damit nehmen die Leser direkt an den Empfindungen und Gedanken des Ich-Erzählers teil.

Bei der **personalen Erzählperspektive** nehmen die Leser das Geschehen durch den Blickwinkel wahr, den eine oder mehrere handelnde Figuren auf die erzählte Welt haben. Damit werden für die Leser die Gefühle einer oder mehrerer Figuren direkt erlebbar, es wird jedoch nicht in der Ich-Form erzählt.

1 In der Kurzgeschichte „Masken" wird auktorial erzählt. Erkläre und begründe diese Aussage mithilfe von zwei bis drei Textstellen, in denen der Erzähler die Gedanken, Erinnerungen oder Gefühle von Erich oder Renate beschreibt.

> **Tipp**
>
> Lies noch einmal den Merkkasten zu den Erzählperspektiven auf Seite 35 und beziehe auch deine Überlegungen zum Titel „Masken" in deine Antwort mit ein.

_____

_____

_____

_____

_____

_____

_____

_____

_____

_____

_____

_____

_____

2 Warum ist die auktoriale Erzählperspektive für diese Geschichte angemessen? Beschreibe, was sich nur aus dieser Perspektive gleichzeitig erzählen lässt.

_____

_____

_____

_____

_____

_____

_____

Einen literarischen Text vorstellen

Einen literarischen Text vorstellen

Wenn du über einen literarischen Text schreiben sollst, musst du ihn zu Beginn deines Textes vorstellen. Dieser Teil wird auch als Einleitung bezeichnet.

Eine Einleitung sollte die folgenden Fragen beantworten:
1. Wie lautet der vollständige Titel des Textes?
2. Wer hat den Text geschrieben?
3. Um welche Textgattung handelt es sich?
4. Wer sind die Hauptpersonen?
5. Worum geht es deiner Meinung nach in dem Text?

1 *Notiere Stichworte zu den folgenden Punkten.*

Autor:

Titel:

Textgattung:

Hauptpersonen:

2 *Beantworte diese W-Fragen, um dir einen Überblick über die Handlung zu verschaffen. Notiere Stichworte.*

Wo spielt die Handlung?

Wann geschieht es?

Wer ist beteiligt?

Was geschieht?

3 *Welche W-Frage aus Aufgabe 2 ist für die Beschreibung und Erläuterung des Themas besonders wichtig? Begründe.*

4 *Stelle die Geschichte „Masken" in einem kurzen Text vor. Nutze dazu deine Ergebnisse aus den Aufgaben 1 bis 3. Schreibe in dein Heft.*

Einen literarischen Text zusammenfassen

Einen literarischen Text zusammenfassen (Inhaltsangabe)

Manchmal musst du einen literarischen Text mit eigenen Worten – z. B. auf einer halben Seite – zusammenfassen. Bei einer solchen Inhaltsangabe konzentrierst du dich ganz auf den genauen Ablauf der Handlung in der richtigen zeitlichen Abfolge. Auf formale Angaben zum Text kannst du ganz verzichten. Verwende keine wörtliche Rede! Auch deine Meinung gehört nicht in die Inhaltsangabe.

– Beschränke dich auf die **wesentlichen Ereignisse**.
– Schildere den Handlungsablauf in der richtigen **Reihenfolge**.
– Schreibe **sachlich** und im **Präsens**.

1 *Gib den Handlungsablauf in kurzen Sätzen wieder.*

– *Erich und Renate treffen sich nach 15 Jahren zufällig auf dem Kölner Hauptbahnhof.*

–

–

–

–

–

–

–

–

–

–

2 *Forme die folgenden Sätze in indirekte Rede um.*

– „Jetzt habe ich dir einen halben Tag deines Urlaubs gestohlen", sagte er und wagte nicht, sie anzusehen.

– „Ja", sagte sie. „Ganz recht, das mache ich auch immer so."

– „Dann haben wir ja beide Glück gehabt", sagte sie.

Die sprachliche Gestaltung eines literarischen Textes untersuchen

1 *In dieser Geschichte werden manche Aussagen der Figuren wiederholt. Zitiere drei Textstellen.*

2 *Welche Wirkung erzielt der Autor durch solche Wortwiederholungen? Erläutere.*

> **Tipp**
> Infos zu Stilmitteln findest du auf der hinteren inneren Umschlagseite des Heftes.

3 *Die Aussagen und Gedanken von Erich und Renate sind nicht eindeutig. Erkläre, was folgende Zitate bedeuten könnten. Beachte dabei den Textzusammenhang.*

– „Jetzt haben wir es geschafft." (Zeilen 152–153)

– „Warum nur sagt sie kein Wort?" (Zeilen 193–194)

Einen literarischen Text schriftlich analysieren

Info

Eine Kurzgeschichte schriftlich analysieren

Bei der Analyse eines erzählenden Textes sind verschiedene Kompetenzen gefordert: Du musst etwas heraus-schreiben, mit eigenen Worten wiedergeben, zusammenfassen, umformulieren, deuten, vergleichen und zitieren können.

In der Abschlussprüfung wirst du aufgefordert, verschiedene Erschließungsaufgaben zu einem literarischen Text zu bearbeiten und am Schluss einen längeren Text selbst zu schreiben. Fast immer musst du weitere zum Thema passende Texte in die Bearbeitung der Aufgaben einbeziehen.

1 *Beantworte beispielhaft die folgenden Erschließungsaufgaben. Sie sollen dir helfen, Besonderheiten des Textes zu erkennen und die Schreibaufgabe vorzubereiten.*

a) *Markiere im Text mit unterschiedlichen Farben Stellen, in denen sich das Gesagte und das Gedachte bei Renate und Erich unterscheiden.*

b) *Beschreibe, wie sich Renate und Erich fühlen.*

c) *Lies den folgenden Lexikonartikel. Welche Informationen kannst du auf die Kurzgeschichte „Masken" beziehen? Markiere.*

Online-Lexikon: „Maske" (Text 2)

Eine **Maske** (von arabisch *maskharat* „Narr, Posse, Hänselei, Scherz") ist eine Gesichtsbede-ckung und wird in Theater und Kunst sowie zu rituellen und religiösen Zwecken verwendet,
5 häufig ergänzt durch eine Verkleidung oder Kos-tümierung. Als Schutzmaske kann sie dem Schutz des Gesichts oder Teilen davon dienen. Die Bezeichnung *Maske* wird allgemein auch für eine Verhüllung des Körpers verwendet, von der
10 Halbmaske bis zur Ganzkörpermaske. [...]

Ihrem Ursprung nach waren Masken vor dem Gesicht getragene plastische Gebilde aus natürlichen Materialien wie Pflanzenteilen, Leder, Holz, Ton oder Tuch. [...] In neuerer Zeit werden Masken vorwiegend aus Kunststoffen 15 hergestellt. Eine Maske kann sehr unterschiedli-che Aufgaben in verschiedenen Zusammenhän-gen erfüllen, so kann sich ihr Träger mit ihrer Hilfe in eine dargestellte Figur verwandeln [...], oder die Maskierung ermöglicht die Einübung 20 neuer oder übernommener sozialer Rollen.

Quelle: Wikipedia Suchbegriff „Maske", https:// de.wikipedia.org/wiki/Maske [18.08.2016].

d) *Erkläre, wie die Überschrift zu deuten ist. Beziehe deine Ergebnisse aus c) mit ein.*

Eine Schreibaufgabe lösen

In der Prüfung musst du im zweiten Teil Aufgaben zu verschiedenen Texten bearbeiten. Abschließend bekommst du eine Schreibaufgabe, die sich auf einen oder mehrere der gelesenen Texte bezieht. Zur Kurzgeschichte „Masken" wäre folgende Schreibaufgabe denkbar:

Schreibaufgabe

Ein Schulbuchverlag möchte eine Sammlung mit Kurzgeschichten in Buchform veröffentlichen. In einem Wettbewerb fordert er Jugendliche der 10. Klassen dazu auf, geeignete Geschichten vorzuschlagen. Allen, die mit ihren Vorschlägen eine unabhängige Jury überzeugen, winkt ein Geldpreis für die Klassenkasse. Versuche, in einem Empfehlungstext die Jury davon zu überzeugen, die Kurzgeschichte „Masken" in die Sammlung aufzunehmen.

1 *Lies die Aufgabe ein zweites Mal. Überlege, was die Aufgabenstellung von dir verlangt.*

2 *Um die Schreibaufgabe als Ganzes zu bewerkstelligen, musst du Schritt für Schritt vorgehen. In der Prüfung werden dir dazu mehrere Teilaufgaben vorgegeben. Löse die folgenden Teilaufgaben a–d nacheinander schriftlich.*

a) *Stelle den Inhalt des Textes „Masken" kurz vor und erkläre, warum die Überschrift nicht wörtlich, sondern als Metapher zu verstehen ist.*

b) *Für den Wettbewerb dürfen nur Kurzgeschichten eingereicht werden. Begründe deshalb anhand von fünf Merkmalen, warum „Masken" die Anforderungen des Wettbewerbs erfüllt. Du kannst den folgenden Infokasten zu Hilfe nehmen.*

Info

Merkmale einer Kurzgeschichte

a) Kurzgeschichten sind – wie der Name sagt – von **geringem Umfang**.
b) Über Ort, Zeit und Personen wird nicht mehr als das **Notwendige** verraten.
c) Kurzgeschichten beginnen meist ohne längere Einleitung, die Leser sind sofort mitten im Geschehen. Man spricht daher von einem **offenen Anfang**.
d) Kurzgeschichten handeln in der Regel von alltäglichen Dingen, die eine gewisse **Allgemeingültigkeit** oder **Beispielhaftigkeit** besitzen.
e) Kurzgeschichten beschreiben meist ein wichtiges Ereignis oder einen Konflikt im Leben der Hauptfigur. Dabei kommt es oft zu einem dramatischen **Höhepunkt** und zu einem **Wendepunkt**.
f) Kurzgeschichten haben häufig ein **offenes Ende**, das die Leser zum Weiterdenken anregt.

c) *Fasse die Botschaft des Textes mit eigenen Worten zusammen und gehe darauf ein, warum Erich und Renate sich im Gespräch „Masken aufsetzen" und deshalb nicht zueinanderfinden. Gehe dabei auch auf die Gefühle der beiden ein.*

_____

_____

_____

_____

_____

_____

_____

_____

_____

_____

d) *Begründe ausführlich, warum die Botschaft des Textes noch immer aktuell ist und der Text aus deiner Sicht in den Sammelband aufgenommen werden soll. Veranschauliche anhand von Beispielen.*

_____

_____

_____

_____

_____

_____

_____

_____

_____

_____

Eine Kurzgeschichte und einen Zeitungstext vergleichend analysieren

Du wirst dich im Folgenden mit einem literarischen Text und einem Zeitungstext auseinandersetzen. Schließlich wirst du einen informierenden Text verfassen, in dem du einen Bezug zwischen den Inhalten beider Texte herstellst.

Eine Kurzgeschichte untersuchen

1 *Lies die Überschrift und betrachte das Bild zum Text. Äußere erste Vermutungen über den Inhalt.*

Der Busfahrer *Pea Fröhlich*

Er wusste, dass sie an der nächsten Station einsteigen würde, und freute sich. Wenn Platz war, saß sie immer so, dass er sie im Rückspiegel sehen konnte. Meistens las sie, manchmal
5 schaute sie auch auf die Straße. Er konnte an ihrem Gesicht ablesen, ob es ihr gut ging. Im Winter trug sie einen braunen Pelz mit einem passenden Käppchen und im Sommer weiße oder blaue Kleider. Einmal hatte sie die Haare aufge-
10 steckt, es stand ihr nicht und jemand musste es ihr gesagt haben, denn am nächsten Tag sah sie wieder aus wie sonst. Sie war ihm sehr vertraut und er hätte sie gerne angesprochen, aber er wagte es nicht. Er fürchtete sich nur davor, dass
15 sie einmal nicht mehr einsteigen würde. Vielleicht, dass sie die Arbeitsstelle wechselte. Für ihn war das die schönste Zeit am Tag, die fünf Stationen, die sie immer mit ihm fuhr. Diesmal sah er sie schon von weitem. Sie stand da und lachte einen Mann an, der den Arm um sie gelegt hatte. Sie verpasste das Einsteigen, weil der Mann sie küsste. 20

2 *Lies den Text und überprüfe, welche deiner Vermutungen richtig waren.*

3 *Beantworte die folgenden W-Fragen, um dir einen Überblick über die Handlung der Geschichte zu verschaffen. Notiere Stichpunkte.*

Wer?

Wann?

Wo?

Was?

4 *Der Busfahrer glaubt, die Frau genau zu kennen. Schreibe zwei Textstellen auf, die zu dieser Annahme des Busfahrers passen.*

---

5 *Eigentlich weiß der Busfahrer nicht viel über die Frau. Schreibe drei Textstellen auf, die diese Aussage bestätigen.*

---

6 *Die Personen in dieser Geschichte tragen keine Namen und werden nur sehr oberflächlich beschrieben. Was will die Autorin damit erreichen? Schreibe eine mögliche Erklärung auf.*

Einen Zeitungsessay untersuchen

In der Prüfung kann ein Zeitungstext in Form eines Essays vorkommen.

1 *Lies zunächst im Infokasten, was ein Essay ist, und danach den Text „Die Wellenmacher".*

> **Essay**
>
> Ein Essay ist ein Text, der eine wissenschaftliche oder literarische Frage behandelt. Ein Essay geht von einem Problem, einer strittigen Frage oder einer These aus, die aus subjektiver Sicht diskutiert wird.

Die Wellenmacher   *Lovis Rieger*

Single sein ist gar nicht so schrecklich, meint der Single. Ist es doch, meint die Außenwelt. Ein Essay.

Meine Großeltern verstehen das Problem nicht. „Mädchen, wieso hast du denn niemanden", sagte Opa kürzlich beim Sonntagskaffee. „Du bist doch so nett." Ein Schweigen entstand, niemand aus meiner Familie mochte etwas sagen. Überlaut tickte die grüne Kuckucksuhr, bis mein Vater seine Hand auf meinen Unterarm legte und sagte: „Ach Kleines, ist doch nicht so schlimm." Dabei bin ich doch nur Single. [...]

„Single" ist ein merkwürdiger Begriff. Er beschreibt nichts, keinen Charakterzug, kein körperliches Merkmal. Er sagt nur, dass man nicht das tut, was die meisten Menschen als Ideal definieren: eine Zweierbeziehung führen. [...]

Man kann Single sein und Hip-Hop lieben. Oder man ist Bauarbeiter und Single. Es ist nicht einmal ausgeschlossen, dass ein Bundeskanzler Single ist.

Unser öffentliches Umfeld inszeniert[1] die Zweierbeziehung: Ständig lächeln Pärchen von Plakaten herunter, im Fernsehen flimmert Familienidylle, in einen Liebesfilm gehört ein Happy End. Singles entsprechen nicht dieser Inszenierung und erregen daher häufig Mitleid.

---

1 inszenieren: in Szene setzen

Wer auf einer Party mit einem Anhängsel auftaucht, ist sicher vor diesem Mitleid. Wer allein kommt, ist betrübtes Freiwild, ein Sonderling, dem geholfen werden muss. Wer will das schon?

Zu viele Menschen leben zusammen, weil es leichter ist, als allein zu sein. Weil es anstrengend ist, mit sich selbst konfrontiert zu werden. Dabei ist es wichtig, allein sein zu können. In solchen Zeiten haben wir die Chance, viel über uns selbst zu erfahren. Warum haben viele Singles trotzdem Selbstzweifel? Sehnen sie sich nach einer Beziehung, nach Vertrauen, Zärtlichkeit, Wärme und Liebe? Oder ist es nur der Wunsch, nicht immer dieselben Fragen beantworten zu müssen?

Natürlich sehne ich mich nach Liebe. Ich wünsche mir, dass jemand meine Hand hält, mir seine Jacke gibt, wenn ich friere, oder mir sagt, dass es schön ist, dass es mich gibt. Das Leben ist schöner, wenn ich es teilen kann. Aber wertvolle Momente kann ich mit allen Menschen teilen, die es wert sind. Dafür brauche ich keinen Freund. Und Single zu sein ist auch ein Luxus. Ich kann mein Leben so planen, wie es mir in den Sinn kommt. Welchen Film ich mir ausleihe und ob ich zum Friseur gehe, geht nur mich etwas an.

Eine Beziehung nur der Ruhe wegen? Nein. Zu still wären die Sonntagnachmittage ohne das erheiternde Ticken der Kuckucksuhr.

2 *Welche Vorstellungen im Hinblick auf das Singlesein hat die Familie der Verfasserin? Schreibe sie in Stichpunkten auf.*

3   *Welche Vorteile des Singleseins werden im Essay erwähnt? Schreibe sie in Stichpunkten auf.*

_____

_____

_____

4   *Im Essay wird der Begriff „Single" kritisch hinterfragt. Fasse die Ergebnisse der Autorin in eigenen Worten zusammen.*

_____

_____

_____

5   *Erkläre mit eigenen Worten, was die Verfasserin mit folgendem Satz meint: „Unser öffentliches Umfeld inszeniert die Zweierbeziehung." (Z. 22).*

_____

_____

_____

6   *Die Überschrift des Essays lautet „Die Wellenmacher". Erläutere, wie du diese Überschrift verstehst.*

_____

_____

Eine Schreibaufgabe lösen

Du hast jetzt einen literarischen Text („Der Busfahrer") und einen Zeitungstext („Die Wellenmacher") untersucht. Löse nun die Schreibaufgabe, indem du deine Ergebnisse in einem informierenden Text zusammenfasst. Bearbeite die Teilaufgaben nacheinander.

1   *Verfasse einen informierenden Text, in den du zum Schluss auch deine eigene Meinung einfließen lässt. Dein Text soll folgende Aspekte beinhalten:*

    a) *Stelle die gemeinsame Thematik der Texte von Pea Fröhlich und Lovis Rieger dar.*

    b) *Erläutere, wie es der Hauptfigur in der Kurzgeschichte (S. 43) ergeht.*

    c) *Erläutere, wie die Verfasserin des Essays (S. 45) den Blick ihrer Umgebung auf das Singlesein kritisch hinterfragt.*

    d) *Beziehe zum Schluss persönlich Stellung, indem du die Vor- und Nachteile des Singlelebens aus deiner Sicht darlegst. Untermauere deine Überlegungen mit passenden Beispielen. Schreibe in dein Heft (mindestens 1,5 Seiten).*

Ein Gedicht analysieren

Info

Textart: Gedicht

Gedichte sind zumeist kürzere literarische Texte. Wenn sie nach traditioneller Weise gebaut sind, bestehen sie aus einzelnen **Versen**, die zu einer oder mehreren **Strophen** zusammengefasst sind.
Zur Verbindung einzelner Verse wird oft ein **Reim** verwendet, der meist am Ende auftaucht (**Endreim**).

Im Rahmen der Prüfung zu den literarischen Texten kann auch von dir verlangt werden, ein Gedicht zu analysieren, das heißt, die Aussage des Gedichts herauszuarbeiten. In den Aufgaben, die dir dazu gestellt werden, sollst du meist folgende Aspekte oder Gestaltungsmittel des Gedichts untersuchen: das Thema, die Handlung, die Figuren, die Erzählperspektive oder auch die sprachlichen Mittel (Stilmittel). Achte genau darauf, was die Aufgabenstellung von dir verlangt, und unterstreiche auffällige Wörter. Übe die Bearbeitung anhand folgender Aufgaben.

1 *Lies das Gedicht aufmerksam.*

Tipp

Nutze die Hinweise zum Markieren von Texten auf der vorderen inneren Umschlagseite des Heftes.

Zwei Segel   *Conrad Ferdinand Meyer*

Zwei Segel erhellend
Die tiefblaue Bucht!
Zwei Segel sich schwellend
Zu ruhiger Flucht!

5 Wie eins in den Winden
Sich wölbt und bewegt,
Wird auch das Empfinden
Des andern erregt.

Begehrt eins zu hasten,
10 Das andere geht schnell,
Verlangt eins zu rasten,
Ruht auch sein Gesell.

Den Inhalt eines Gedichts erfassen („Zwei Segel")

1 *Was wird in dem Gedicht beschrieben? Antworte in einem Satz.*

_____

_____

2 *Wer sind die Hauptfiguren in diesem Gedicht? Notiere.*

_____

3 *Beschreibe das Verhältnis der Hauptfiguren zueinander.*

_____

Eine Hypothese zur Aussage des Gedichts formulieren

1 *Worum geht es in diesem Gedicht? Kreuze eine der drei Schülermeinungen an und begründe deine Wahl.*

☐ *In dem Gedicht „Zwei Segel" von Conrad Ferdinand Meyer
geht es um zwei Segel, die ihr Zusammenleben gemeinsam meistern.*

☐ *In dem Gedicht „Zwei Segel" von Conrad Ferdinand Meyer
geht es um die harmonische Beziehung zweier Menschen.*

☐ *In dem Gedicht „Zwei Segel" von Conrad Ferdinand Meyer
geht es darum, Wünsche zu haben, die ein anderer erfüllen soll.*

Die Aussage(n) des Gedichts herausarbeiten

1 *Hilft dir der Titel dabei, das Gedicht zu verstehen? Erläutere.*

2 *Untersuche die Eigenschaften der Figuren. Wie reagieren sie aufeinander?*

Erste Strophe:

Zweite Strophe:

Dritte Strophe:

3 *Lies die kurze Information zur Personifikation und nenne die Textstellen, in denen die Segel personifiziert werden.*

> **Info**
>
> **Personifikation**
>
> Tiere, Naturerscheinungen, Dinge oder Begriffe werden wie Menschen beschrieben oder handeln wie Menschen. Ein bekanntes Beispiel: Die Sonne lacht.

4 *Was könnte das Wort „Winden" in Vers 5 in einem übertragenen Sinn bedeuten? Erkläre.*

5 *Wenn zwei Begriffe, die sich gegenseitig ausschließen, miteinander verbunden werden, spricht man von einem „Oxymoron".*

   a) *Lies dir das Gedicht noch einmal durch und schreibe ein Oxymoron heraus.*

   b) *Erläutere, was mit dem Oxymoron ausgedrückt werden soll.*

6 *Fasse deine Analyseergebnisse zusammen, indem du eine Textbotschaft formulierst. Worum geht es in diesem Gedicht genau?*

> **Tipp**
>
> Wichtig ist, dass du deine Analyseergebnisse mit deiner Hypothese (S. 48) vergleichst. Sollten sie nicht übereinstimmen, musst du deine Hypothese überarbeiten.

Übe an einem weiteren Beispiel die Analyse eines Gedichtes in Teilschritten.

Den Inhalt eines Gedichts erfassen („Sachliche Romanze")

1 *Lies das folgende Gedicht und unterstreiche die wesentlichen Angaben zu Personen und Handlung.*

Sachliche Romanze   *Erich Kästner*

Als sie einander acht Jahre kannten
(und man darf sagen: sie kannten sich gut),
kam ihre Liebe plötzlich abhanden.
Wie andern Leuten ein Stock oder Hut.

5 Sie waren traurig, betrugen sich heiter,
versuchten Küsse, als ob nichts sei,
und sahen sich an und wussten nicht weiter.
Da weinte sie schließlich. Und er stand dabei.

Vom Fenster aus konnte man Schiffen winken.
10 Er sagte, es wäre schon Viertel nach vier
und Zeit, irgendwo Kaffee zu trinken.
Nebenan übte ein Mensch Klavier.

Sie gingen ins kleinste Café am Ort
und rührten in ihren Tassen.
15 Am Abend saßen sie immer noch dort.
Sie saßen allein und sie sprachen kein Wort
und konnten es einfach nicht fassen.

2 *Lies vor der Beantwortung der folgenden Aufgaben das Gedicht noch einmal. Schreibe zu jeder Strophe zusammenfassende Stichpunkte an den Rand.*

3 *Kreuze an, ob die folgenden Aussagen richtig oder falsch sind:*

Die Figuren ...

	richtig	falsch
a) ... sind frisch verliebt.	☐	☐
b) ... gehen oft miteinander aus.	☐	☐
c) ... haben sich nicht viel zu sagen.	☐	☐
d) ... halten sich für glücklich.	☐	☐
e) ... sind schon länger zusammen.	☐	☐
f) ... treffen sich eher zufällig.	☐	☐
g) ... verbringen einen schönen Nachmittag/ Abend miteinander.	☐	☐

4 *Das Verhalten der Figuren stimmt teilweise nicht mit ihren Gefühlen überein. Markiere die Textstelle(n) und überlege dir einen möglichen Grund für das Verhalten.*

---

5 *Die Figuren haben im Gedicht keine Namen. Was könnte der Grund/könnten die Gründe sein? Kreuze an.*

Die Figuren haben keine Namen, weil ...

	richtig	falsch
a) ... wir die Figuren nicht kennen.	☐	☐
b) ... sie stellvertretend für viele Paare stehen, die nicht mehr viel miteinander anfangen können.	☐	☐
c) ... der Autor unerkannt bleiben möchte.	☐	☐
d) ... das Unpersönliche zur „sachlichen" Romanze passt.	☐	☐

6 *„Er sagte, es wäre schon Viertel nach vier und Zeit, irgendwo Kaffee zu trinken." (Z. 10 –11) Warum sagt der Mann diesen Satz? Kreuze an, welchen Grund/welche Gründe du für richtig bzw. falsch hältst.*

Er sagt es zu ihr, weil ...

	richtig	falsch
a) ... er noch eine andere Verabredung hat.	☐	☐
b) ... er glaubt, in einem Café könne man sich besser miteinander unterhalten.	☐	☐
c) ... ihm das Klavierspiel aus der Nachbarschaft auf die Nerven geht.	☐	☐
d) ... er weiß, dass sie gern ein Stück Kuchen essen würde.	☐	☐
e) ... er einer alten Gewohnheit folgt.	☐	☐

Eine Hypothese zur Aussage des Gedichts formulieren

1 **a)** *Welche Aussagen über das Thema des Gedichts „Sachliche Romanze" treffen zu? Kreuze an.*

	richtig	falsch
a) Das Gedicht handelt von der Vergänglichkeit der Liebe.	☐	☐
b) Eine Liebe geht nach acht Jahren zu Ende.	☐	☐
c) Männer und Frauen empfinden verschieden.	☐	☐
d) In einer Beziehung sollte man dieselben Interessen haben.	☐	☐

b) *Begründe deine Entscheidung für das vorgeschlagene Thema anhand des Textes. Schreibe in dein Heft.*

2 *Obwohl sich die beiden Menschen anscheinend nicht mehr lieben wie in früheren Zeiten, geben sie sich durchaus Mühe miteinander. Notiere Textstellen, die das belegen.*

_____

_____

3 **a)** *Warum gehen sie ausgerechnet ins „kleinste Café am Ort" (V. 13)? Kreuze an.*

	richtig	falsch
a) Dort ist es am persönlichsten.	☐	☐
b) Der Kaffee schmeckt dort am besten.	☐	☐
c) Sie können dort Freunde treffen.	☐	☐
d) Dort sind sie ungestört.	☐	☐

b) *Begründe deine Auswahl mit einem kurzen Satz.*

_____

4 *„Da weinte sie schließlich. Und er stand dabei." (V. 8) – Erkläre das Verhalten des Mannes und beurteile es mit einer kurzen Begründung.*

_____

_____

_____

5 *Warum hat Kästner seinem Gedicht wohl den Titel „Sachliche Romanze" gegeben? Erläutere anhand von Textstellen.*

_____

_____

_____

_____

_____

6 *Wo versteckt sich im Gedicht „Sachliche Romanze" das lyrische Ich? Welche Haltung nimmt das lyrische Ich zum Sachverhalt, zur Handlung ein? Du kannst zur Beantwortung den Infokasten nutzen.*

_____

_____

_____

_____
_____
_____
_____

Info

Das lyrische Ich

Den Sprecher/die Sprecherin des Gedichts bezeichnet man als „lyrisches Ich". Das lyrische Ich kann im Text explizit als „ich" auftauchen.

Beispiel:
Ich ging im Walde
So für mich hin,
Und nichts zu suchen,
Das war mein Sinn.
(J. W. Goethe)

Auch wenn der Sprecher/die Sprecherin nicht explizit als „ich" im Gedicht auftaucht, spricht man von einem lyrischen Ich. Dieses „erzählt" uns z. B. über die Figur(en) im Gedicht etwas.

Beispiel:
Zur Fotografie eines Konfirmanden

Da steht er nun, als Mann verkleidet,
und kommt sich nicht geheuer vor.
Fast sieht er aus, als ob er leidet.
Er ahnt vielleicht, was er verlor.
[...]
(Erich Kästner)

Wie Prosatexte kann auch ein Gedicht aus der Ich-Perspektive, der personalen, der auktorialen (allwissenden) oder einer neutralen Perspektive geschrieben sein.

Das Gedicht auf sprachliche Mittel untersuchen

1 „[...] *kam ihre Liebe plötzlich abhanden. Wie andern Leuten ein Stock oder Hut.*" (V. 3–4)

   a) *Um welches Stilmittel handelt es sich? Kreuze an.*

	richtig	falsch
a) Personifikation	☐	☐
b) Vergleich	☐	☐
c) Metapher	☐	☐

Tipp

Die wichtigsten Stilmittel findest du auf der hinteren inneren Umschlagseite des Heftes.

   b) *Welche Wirkung wird durch dieses Stilmittel erzielt? Beschreibe.*

2 *Das Gedicht enthält viele einfache Hauptsätze, die unverbunden nebeneinanderstehen.*

a) *Welcher Eindruck entsteht dadurch? Kreuze an.*

	richtig	falsch
a) Fülle	☐	☐
b) Vereinzelung	☐	☐
c) Komplexität, „Alles hängt mit allem zusammen"	☐	☐
d) Belebtheit der Großstadt	☐	☐

b) *Versuche, den Eindruck in zwei bis drei Sätzen ausführlicher zu beschreiben.*

_____

_____

_____

3 *Bestimme die Stilmittel. Kreuze an.*

	Wiederholung	Parallelismus	Antithese
a) „Sie waren traurig, betrugen sich heiter […]"			
b) „ […] und sahen sich an und wussten nicht weiter."			
c) „Am Abend saßen sie immer noch dort. Sie saßen allein und sie sprachen kein Wort […]"			

4 *Im Gedicht wird keine wörtliche Rede verwendet. Nenne mögliche Gründe.*

_____

_____

Eine Schreibaufgabe lösen

Wenn in der Prüfung ein Gedicht vorkommt, kann es sein, dass du zu diesem auch eine Schreibaufgabe lösen musst. Dabei wird in der Regel verlangt, dass du die Ergebnisse der vorangegangenen Aufgaben in deinen Text einbeziehst. Folgendermaßen könnte eine Schreibaufgabe aussehen.

1 *Stell dir vor, am nächsten Morgen hat die Frau dem Mann einen Brief am Frühstückstisch hinterlassen. Verfasse einen Brief an den Mann aus der Sicht der Frau, in welchem du deine Analyseergebnisse einbeziehst.*

Wenn du möchtest, kannst du auch die Perspektive des Mannes wählen.

> **Tipp**
>
> Du könntest so anfangen:
>
> „Guten Morgen, mein Lieber,
> ich habe über den gestrigen Tag und
> unsere Beziehung nachgedacht …"

„Altersheim oder Senioren-WG?" – verschiedene Materialien zu einem Text erschließen (Romanauszug, Sachtext, Grafik)

Du setzt dich auf den folgenden Seiten mit einem literarischen Text, einem Zeitungstext und einer Grafik zur Lebenssituation alter Menschen auseinander. Am Ende dieses Übungsabschnittes schreibst du einen informierenden Text für die Schülerzeitung deiner Schule. In diesem Text verarbeitest du wesentliche Informationen aus allen drei Quellen. Am Schluss des Textes beziehst du Stellung zum Thema.

1 *Lies den folgenden Romanausschnitt (Text 1) aufmerksam.*

Der Hundertjährige, der aus dem Fenster stieg und verschwand (Ausschnitt)   *Jonas Jonasson*

1. KAPITEL   Montag, 2. Mai 2005

Man möchte meinen, er hätte seine Entscheidung etwas früher treffen und seine Umgebung netterweise auch davon in Kenntnis
5 setzen können. Aber Allan Karlsson war noch nie ein großer Grübler gewesen.

Entsprechend war der Einfall auch noch ganz frisch, als der alte Mann sein Fenster im Erdgeschoss des Altersheims von Malmköping[1],
10 Sörmland[2], öffnete und in die Rabatte[3] kletterte. Das Manöver war etwas mühselig – nicht unbedingt überraschend, wenn man bedenkt, dass Allan just an diesem Tage hundert geworden war. In einer knappen Stunde sollte die Geburts-
15 tagsfeier im Gemeinschaftsraum losgehen. Sogar der Stadtrat wollte anrücken. Und die Lokalpresse. Und die ganzen anderen Alten. Und das komplette Personal, allen voran Schwester Alice, die alte Giftspritze. Nur die Hauptperson hat-
20 te nicht vor, zu dieser Feier aufzutauchen.

2. KAPITEL   Montag, 2. Mai 2005

[...] Allan überlegte, ob er sich die Mühe machen sollte, noch einmal durchs Fenster in sein Zimmer zurückzuklettern, um Hut und Schuhe
25 zu holen, aber als er feststellte, dass immerhin die Brieftasche in der Innentasche seines Jacketts steckte, ließ er es dabei bewenden. [...]

Lieber abhauen, solange noch Zeit ist, dachte Allan und kletterte mit knacksenden Kniege-
30 lenken aus der Rabatte. Soweit er sich erinnern konnte, steckten in seiner Brieftasche ein paar Hunderter, die er sich zusammengespart hatte, und das war auch ganz gut so, denn kostenlos würde er sich sicher nicht verstecken können.
35 [...] Der Hundertjährige schlich sich also davon [...]. Erst durch einen Park, dann an einem freien Feld entlang, auf dem ab und zu ein Markt in dem ansonsten recht stillen Städtchen abgehalten wurde. [...]

40 Allan überquerte den Friedhof in südlicher Richtung, bis ihm eine Steinmauer den Weg versperrte. Diese war kaum über einen Meter hoch, aber Allan war ein Hundertjähriger, kein Hochspringer. Auf der anderen Seite wartete jedoch
45 das Reisezentrum von Malmköping, und der Alte begriff soeben, dass seine wackligen Beine ihn genau dorthin tragen wollten. [...] Und als es kaum mehr kleiner hätte werden können, kroch Allan hinüber, seinem Alter und seinen Knien
50 zum Trotz.

[...] Der Wartesaal des Reisezentrums war [...] fast leer, als Allan in seinen Pantoffeln hereingeschlurft kam. Aber nur fast. Mitten im Saal standen zwei Bankreihen mit den Rücken zuei-
55 nander. Alle Plätze frei. Rechts befanden sich zwei Schalter, von denen der eine geschlossen war, während hinter dem anderen ein mageres Männchen mit einer kleinen runden Brille saß, mit seitlich gescheiteltem, schütterem Haar und
60 einer Uniformweste. Er blickte gequält von seinem Computerbildschirm auf, als Allan die Halle betrat. Vielleicht fand er ja, dass heute Nachmittag einfach viel zu viel los war – wie Allan gerade bemerkt hatte, war er nämlich doch
65 nicht der einzige Reisende im Saal. Tatsächlich stand in einer Ecke ein schmächtiger junger Mann mit langen, fettigen blonden Haaren, struppigem Bart und einer Jeansjacke mit der Aufschrift *Never Again* auf dem Rücken.

70 Offensichtlich war der junge Mann des Lesens unkundig, denn er stand vor der Behindertentoilette und zerrte an der Klinke, als würde ihm das knallgelbe Schild mit der schwarzen Aufschrift „Gesperrt" nichts sagen.

75 Wenig später wechselte er jedenfalls zur Toilettentür nebenan, aber dort stand er vor dem nächsten Problem.

---

1 Malmköping: Kleinstadt westlich von Stockholm
2 Sörmland (oder Södermanland): schwedische Landschaft
   südlich von Stockholm
3 Rabatte: Blumenbeet

Anscheinend wollte sich der junge Mann nicht von seinem großen grauen Koffer auf Rollen trennen, doch für beide auf einmal war die Toilette zu klein. Allan erkannte sofort, dass der Mann den Koffer entweder draußen lassen musste, während er seine Notdurft verrichtete, oder hineinbugsieren, während er selbst draußen blieb.

Doch Allan konnte keine größere Anteilnahme an den Sorgen des jungen Mannes aufbringen. Stattdessen bemühte er sich, die Füße zu heben, so gut es ging, während er an den geöffneten Schalter trippelte und sich bei dem kleinen Beamten erkundigte, ob es wohl irgendein Verkehrsmittel gäbe, das in den nächsten Minuten in irgendeine beliebige Richtung abfuhr, und was es in dem Fall wohl kosten mochte. [...]

„Und welches Reiseziel hatten Sie dabei im Sinn?"

Allan setzte neu an und erinnerte das Männchen daran, dass er das Reiseziel und somit auch die Streckenführung als untergeordnet betrachtete und größeren Wert auf a) Abfahrtszeit und b) Kostenpunkt legte.

Der kleine Mann schwieg wieder ein paar Sekunden, während er in seine Tabellen glotzte und Allans Worte verdaute.

„Bus 202 fährt in drei Minuten nach Strängnäs[4]. Passt Ihnen das?"

Ja, befand Allan, das sei durchaus passend, woraufhin man ihn informierte, dass besagter Bus von der Haltestelle gleich vor der Eingangstür abfuhr und dass es wohl am geschicktesten wäre, die Fahrkarte direkt beim Busfahrer zu lösen. [...]

Der Hundertjährige setzte sich auf eine der zwei leeren Bankreihen, mit seinen Gedanken allein. Die verdammte Jubiläumsfeier im Heim sollte um drei Uhr beginnen, bis dahin waren es noch zwölf Minuten. Demnächst würden sie also an Allans Zimmertür klopfen, und dann war die Hölle los, so viel stand fest.

Der Jubilar lächelte in sich hinein, während er aus dem Augenwinkel jemanden näher kommen sah. Es war der schmächtige junge Mann mit den langen, fettigen blonden Haaren, dem struppigen Bart und der Jeansjacke mit der Aufschrift *Never Again* auf dem Rücken. Er steuerte direkt auf Allan zu, seinen großen Koffer auf den vier kleinen Rollen im Schlepptau. Allan

war sofort klar, dass er Gefahr lief, sich mit dem Langhaarigen unterhalten zu müssen. Doch das war ihm im Grunde gar nicht mal unrecht, denn auf diese Art konnte er doch mal einen Einblick bekommen, wie die Jugend von heute so über allerlei Themen dachte.

[...] Der junge Mann blieb ein paar Meter vor ihm stehen, schien den alten Mann kurz prüfend zu mustern und sagte dann:

„Heyhörnsemal."

Allan antwortete freundlich, dass er ihm ebenfalls einen guten Tag wünsche [...]. Der junge Mann wollte nämlich, dass Allan den Koffer im Auge behielt, während der Eigentümer desselben seine Notdurft auf der Toilette verrichtete. [...]

Allan erwiderte höflich, dass er zwar alt und gebrechlich sei, doch sicherlich noch über so gute Augen verfüge, dass es ihm nicht allzu beschwerlich vorkomme, den Koffer des jungen Mannes zu hüten. Allerdings empfahl er dem jungen Mann eine gewisse Eile, da er in Bälde einen Bus erwischen müsse.

Letzteres hörte der junge Mann freilich nicht mehr, denn er eilte schon im Laufschritt auf die Toilette zu, bevor Allan seinen Satz vollendet hatte.

Der Hundertjährige hatte nie zu den Leuten gehört, die sich über andere aufregen – mochte es nun Anlass dazu geben oder nicht –, und er störte sich auch nicht an der ungehobelten Art dieses jungen Mannes. Doch empfand er sicherlich auch keine ausgeprägte Sympathie für den betreffenden Jüngling, was durchaus von Bedeutung war für das, was als Nächstes geschehen sollte.

Und zwar, dass der Bus 202 vor dem Eingang vorfuhr, nur wenige Sekunden nachdem sich die Toilettentür hinter dem jungen Mann geschlossen hatte. Allan warf erst einen Blick auf den Bus und dann auf den Koffer, dann wieder auf den Bus und dann noch einmal auf den Koffer.

„Er hat ja Rollen", sagte er zu sich. „Und so einen Griff zum Ziehen hat er auch." [...]

Der Busfahrer war kundenorientiert und höflich und half dem alten Mann mit dem großen Koffer in den Bus.

Allan bedankte sich und zog die Brieftasche aus der Innentasche seiner Jacke. [...] Sechshundertfünfzig Kronen[5] in Scheinen und ein paar Münzen. [...]

---

4 Strängnäs: Stadt in der schwedischen Provinz Södermanlands

5 Kronen: schwedische Währung, 1 Krone = ca. 11 Cent

180 „Wie weit komme ich wohl hiermit?"

Der Busfahrer erwiderte fröhlich, er sei ja Leute gewöhnt, die zwar wüssten, wohin sie wollten, aber nicht, was es kostete – hier sei es doch tatsächlich mal umgekehrt. Dann erklärte
185 er nach einem Blick auf seine Tabelle, dass man für achtundvierzig Kronen bis Byringe Bahnhof fahren könne.

Damit war Allan einverstanden. Er bekam seine Fahrkarte und zwei Kronen Wechselgeld.
190 Den frisch gestohlenen Koffer stellte der Fahrer in den Stauraum hinter seinem Sitz, und Allan setzte sich in die erste Reihe auf die rechte Seite. [...] Als der Busfahrer den Gang einlegte und losrollte, war die Toilettentür noch immer ge-
195 schlossen. [...] [Allan] überlegte gerade, warum er eigentlich diesen grauen Koffer auf Rollen gestohlen hatte. Vielleicht ... weil er es konnte? Oder weil der Besitzer so ein Lümmel war? Oder weil der Koffer vielleicht ein Paar Schuhe und
200 sogar einen Hut enthalten könnte? Oder weil der alte Mann nichts zu verlieren hatte? Nein, Allan konnte es selbst nicht sagen. Wenn das Leben Überstunden macht, fällt es einem eben leichter, sich gewisse Freiheiten herauszuneh-
205 men, dachte er und setzte sich bequem auf seinem Platz zurecht.

Es schlug drei Uhr, und der Bus fuhr am Björndammen vorbei. Allan stellte fest, dass er bis jetzt ganz zufrieden mit den Entwicklungen
210 des Tages war. [...]

Im gleichen Augenblick klopfte Schwester Alice an die Tür zu Zimmer 1 im Altersheim von Malmköping. Sie klopfte noch einmal. Und noch einmal.

215 „Jetzt seien Sie doch nicht so bockig, Allan. Der Stadtrat und die anderen sind schon alle da. Hören Sie? Sie haben doch nicht schon wieder getrunken, Allan? Jetzt kommen Sie aber endlich raus, Allan! Allan?"

220 Ungefähr gleichzeitig öffnete sich die Tür der momentan einzigen benutzbaren Toilette des Reisezentrums Malmköping, und heraus kam ein in zweifacher Hinsicht erleichterter junger Mann. Nach ein paar Schritten in den
225 Wartesaal hinein, wobei er mit der einen Hand seinen Gürtel zurechtrückte und sich mit der anderen durchs Haar fuhr, blieb er abrupt stehen, starrte erst auf die zwei leeren Bankreihen, dann panisch nach rechts und nach links,
230 woraufhin er laut sagte:

„Verdammt, was hat dieser verfluchte, beschissene Drecks…"

Dann verlor er den Faden und musste noch einmal ansetzen.

235 „Du bist so gut wie tot, du alter Wichser. Ich muss dich bloß finden …"

2 *Notiere Stichpunkte zu folgenden Gesichtspunkten.*

Autor:

Titel:

Textart:

Personen:

Thema:

3 *Kreuze die Aussagen zum Text eindeutig an.*

	richtig	falsch
a) Allan Karlsson floh an seinem 100. Geburtstag aus dem Altenheim durch das Fenster seines Zimmers im Erdgeschoss.	☐	☐
b) Allan Karlsson trug Schuhe und Hut sowie ein Jackett, in dessen Innentasche seine Brieftasche mit Geld steckte.	☐	☐
c) Allan Karlsson erkannte sofort, dass der Mann den Koffer vor der Toilette stehen lassen musste, weil in der Toilette zu wenig Platz war.	☐	☐
d) Beim Kauf seiner Fahrkarte legte Allan Karlsson besonderen Wert auf eine baldige Abfahrtszeit und das Reiseziel.	☐	☐

4 *Allan Karlsson ist verschwunden. Welche Infos würde die Polizei für eine Vermisstenanzeige benötigen? Markiere im Text die äußeren Merkmale und die Wesensmerkmale der Hauptperson Allan farbig.*

5 *Schreibe für die Lokalzeitung einen Bericht über das Verschwinden von Allan Karlsson, in der du die wichtigsten W-Fragen (Wer, Was, Wann, Wo, Warum?) beantwortest.*

_____

_____

_____

_____

_____

_____

_____

> **Tipp**
> – Markiere die Lösungen im Text mit Textmarker.
> – Notiere am Rand des Textes die Nummer der Aufgabe, zu der die markierte Lösung gehört.
> – Formuliere Lösungstexte, die verständlich und nachvollziehbar sind.

6 *Formuliere nun eine ausführliche Personenbeschreibung von Allan Karlsson. Nimm deine Ergebnisse von Aufgabe 4 zu Hilfe.*

Vermisst wird seit heute Mittag der hundertjährige Allan Karlsson aus

7 *Beschreibe das Verhältnis von Allan zu dem jungen Mann mit dem Koffer und zitiere eine Textstelle, die das Verhältnis zwischen den beiden umschreibt.*

> **Tipp**
>
> **Wie wird richtig zitiert?**
> Ein wörtliches Zitat muss Wort für Wort abgeschrieben und darf nicht verändert werden. Man muss es immer in Anführungszeichen setzen.

8 *Woran wird deutlich, dass dem jungen Mann der Koffer besonders wichtig zu sein scheint? Zitiere eine Textstelle und nenne die entsprechende Zeile.*

9 Lies den Text „Das Glück der späten Jahre" (Text 2, S. 60) aufmerksam. Beschreibe anschließend in einem Satz, um welches Thema es in diesem Onlineartikel geht.

_____

_____

_____

_____

Das Glück der späten Jahre *Berit Uhlmann*

Müssen wir uns vor dem Alter fürchten? Keineswegs: Ein 75-Jähriger ist heute so zufrieden wie ein 45-Jähriger. Doch kurz vor dem Tod verlässt das Glück viele Menschen. Forscher rätseln noch über die Gründe.

Die Witwe hat etwas Wichtiges mitzuteilen: „Mit 90 Jahren hat sich mein Leben komplett verändert." Die Besucherin atmet tief ein, sie erwartet Klagen, die berechtigter kaum sein könnten: die kranke Hüfte der alten Frau, die Schmerzen, die vielen Treppen. Doch dann leuchten die blauen Augen in den unzähligen Lachfalten auf: „Ein Mann ist in mein Leben getreten: ein grundanständiger Herr!" Auch wenn das Leben längst nicht immer auf diese Weise überrascht – Glück ist im Alter verbreiteter, als die meisten jüngeren Menschen glauben. Aber warum eigentlich?

Psychologen stellen immer wieder fest, dass allen Einbußen, Einschränkungen und Entsagungen zum Trotz die Lebenszufriedenheit auch im Alter hoch ist und mitunter sogar noch steigt. Erst kürzlich ergab eine umfangreiche Befragung von mehr als 1000 betagteren[1] US-Amerikanern, dass sie erstaunlich wenig an ihrem Leben auszusetzen hatten. [...]

Auch deutsche Rentner können ihrem Leben viel Positives abgewinnen. Im Deutschen Alterssurvey[2] werden seit 1996 regelmäßig mehrere Tausend Bundesbürger von einem Alter von 40 Jahren an befragt. Etwa 60 Prozent äußern dabei eine hohe Zufriedenheit. Wirklich unzufrieden sind nur maximal sieben Prozent. Das Ergebnis bleibt über die Generationen hinweg nahezu gleich: Ein 75-Jähriger fühlt sich heute etwa genauso wohl wie ein 40-Jähriger.

Wissenschaftler versuchen seit Jahren, dieses Paradox der Lebenszufriedenheit zu ergründen. Gewiss spielen gesellschaftliche Faktoren eine Rolle: „Eine gute materielle Sicherung und Bildung sorgen für eine hohe Lebenszufriedenheit im Alter", sagt der Psychologe Clemens Tesch-Römer, Leiter des Deutschen Zentrums für Altersfragen in Berlin, das den Alterssurvey erstellt. Auch das Lebensumfeld hat einen Einfluss: Wer Ärzte, pflegerische Hilfen und soziale Kontakte in seiner Nähe hat, altert zufriedener. [...]

Längst nicht jeder Deutsche ist am Ende des Lebens rundum glücklich. So steigt die Rate der Suizide dem Statistischen Bundesamt zufolge etwa ab dem Rentenalter drastisch an. [...]

Der Deutsche Alterssurvey kommt wohl zu einem positiveren Bild, weil hier nur Menschen in Privathaushalten befragt werden. [...] Studien, die den Schwerpunkt auf sehr alte und stark pflegebedürftige Menschen legen, kommen zu anderen Ergebnissen.

---

1 betagt: alt
2 Deutscher Alterssurvey: Langzeitstudie des Deutschen Zentrums für Altersfragen (DZA), vom Bundesministerium für Familie, Senioren, Frauen und Jugend (BMFSFJ) gefördert

So auch die Berliner Altersstudie, eine Langzeitbeobachtung, die vor allem die Ältesten im Fokus hat. Denis Gerstorf und Kollegen haben die Daten von über 400 Menschen analysiert, die während des Beobachtungszeitraums von zwölf Jahren verstorben waren. Sie stellten fest, dass die Kurve der Lebenszufriedenheit etwa vier Jahre vor dem Tod abknickt und dann unbarmherzig nach unten zeigt. [...]

Andreas Kruse, Direktor des Instituts für Gerontologie[3] der Universität Heidelberg, bedauert dies: „Das Thema ‚Alter‘ gehört eigentlich schon in die Schulen [...].“ Er hält es für möglich, das Älterwerden ein Stück weit zu lernen.

[...] Und so bleiben auch die Kräfte, die alte Menschen zumindest über einen langen Zeitraum haben, oft ungenutzt. „Alter heißt nicht nur versorgt zu werden. Alte Menschen können sehr oft auch hervorragend für andere sorgen: durch Erfahrungen und Wissen, durch seelische Stärke und Gelassenheit“, sagt Kruse. Leider werde dies viel zu häufig übersehen.

---

3 Gerontologie: Wissenschaft vom Altern des Menschen

10 *Markiere im Text zwei Stellen, die verdeutlichen, von welchen Bedingungen eine hohe Lebenszufriedenheit alter Menschen abhängig ist.*

11 *Du sollst über das Thema „Lebenszufriedenheit und Glück im Alter“ in deiner Klasse informieren. Fasse Text 2 mit eigenen Worten zusammen. Nenne und erkläre dabei drei wesentliche Voraussetzungen für mehr Lebenszufriedenheit im Alter, die dort genannt werden.*

12 a) *Beschreibe, welchen Zusammenhang Text 2 zwischen Lebenszufriedenheit und Pflegebedürftigkeit alter Menschen aufzeigt.*

b) *Stelle einen Bezug zwischen Allan Karlssons Flucht aus dem Altersheim (Text 1) und Text 2 her.*

_____

_____

_____

_____

_____

_____

_____

_____

13 *Stelle dar, wie sich die Zahl pflegebedürftiger Menschen zukünftig entwickeln wird (Grafik). Erläutere, was das für die Lebenszufriedenheit älterer Menschen in Deutschland bedeuten kann. Begründe deine Einschätzung!*

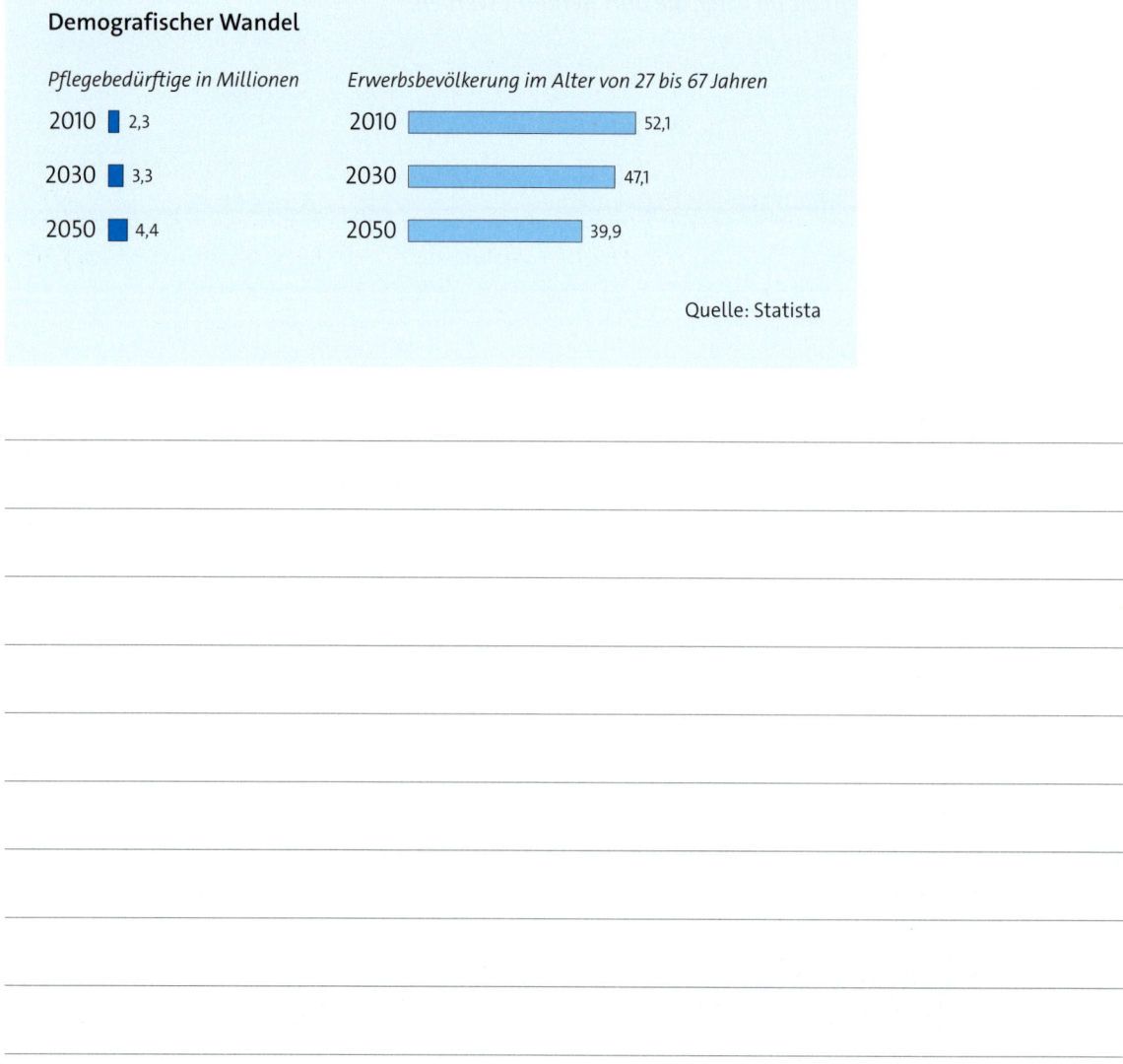

Demografischer Wandel

Pflegebedürftige in Millionen

2010   2,3

2030   3,3

2050   4,4

Erwerbsbevölkerung im Alter von 27 bis 67 Jahren

2010   52,1

2030   47,1

2050   39,9

Quelle: Statista

_____

_____

_____

_____

_____

_____

_____

_____

_____

Eine Schreibaufgabe lösen

Bearbeite nun abschließend zu diesem Kapitel eine Schreibaufgabe. Lies den Arbeitsauftrag mit allen Teilaufgaben genau und überlege, was von dir erwartet wird (Was soll ich für wen aufschreiben?). Beantworte dann alle Teilaufgaben schriftlich in deinem Heft.

1 *Du hast dich im Rahmen eines Projekttages an deiner Schule mit dem Thema „Altern und Lebenszufriedenheit" beschäftigt. Schreibe dazu einen informierenden Text für die Schülerzeitung deiner Schule. In deinem Text sollen Informationen aus dem literarischen Text, dem Onlineartikel und der Grafik sachlich richtig wiedergegeben werden. Bearbeite nun die folgenden Aufgaben in einem zusammenhängenden Text.*

> **Tipp**
>
> Zitiere wortwörtlich aus dem Text oder gib den Inhalt in indirekter Rede wieder (mit Angabe der Textstelle).

a) *Finde eine passende Überschrift für deinen informierenden Text und beschreibe in der Einleitung, mit welchen Materialien und Fragestellungen du dich im Rahmen des Projekttages beschäftigt hast.*

b) *Gehe im Hauptteil deines Textes auf den Zusammenhang zwischen Lebenszufriedenheit und Altern ein (Text 2). Nenne Gesichtspunkte, von denen die Zufriedenheit alter Menschen abhängt. Beziehe Beispiele mit ein.*

c) *Stelle am Beispiel von Allan Karlsson (Text 1) begründete Vermutungen über die Hintergründe der Flucht eines alten Menschen aus dem Altenheim an. Beziehe auch die Informationen aus dem Onlineartikel sowie dem Schaubild zum Thema „Pflegebedürftigkeit" mit ein.*

d) *Schließe deinen Beitrag mit einer persönlichen Stellungnahme zu folgender Frage ab: Ist Allan Karlsson nur ein verwirrter Alter, der nicht weiß, was er tut, oder ist er ein rüstiger Hundertjähriger, der keine Lust mehr darauf hat, den Rest seines Lebens im Altenheim zu verbringen? Belege deine Meinung mit Informationen und Beispielen aus den Texten und der Grafik.*

> **Info**
>
> **Eine Stellungnahme schreiben**
>
> Wer Stellung bezieht, macht die eigene Meinung/den eigenen Standpunkt zu einem Sachverhalt deutlich und begründet diese/n nachvollziehbar, überzeugend und verständlich.
> Wenn du zu einer Sachfrage Stellung nimmst, die auf der Grundlage eines literarischen Textes, eines Sachtextes oder einer Grafik gestellt wird, dann begründe und belege deine eigene Meinung mit Informationen aus den verschiedenen Materialien.
> Weitere Informationen zur Stellungnahme findest du im Kapitel „Auf der Grundlage von Sachtexten argumentieren" (S. 21).

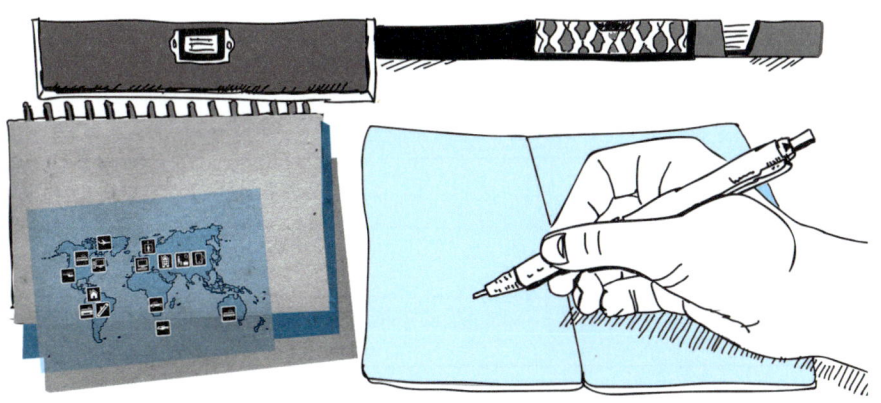

Prüfungsbeispiele

Zum Ersten Prüfungsteil

Prüfungsbeispiel: Hörverstehen

1 *Fasse kurz den Inhalt des Radiobeitrags zusammen.*

_____

_____

_____

_____

_____

2 *Welche Aussagen werden im Hörbeitrag gemacht? Kreuze an.*

a) ☐ Es ist Mode geworden, sich zum Essen zu verabreden.

b) ☐ Es besteht keine tatsächliche Gefahr beim Essen, Kindern soll nur Angst gemacht werden.

c) ☐ Wenn Nahrungsteilchen in die Luftröhre oder Lunge gelangen, werden die Atemwege teilweise oder vollkommen blockiert.

d) ☐ Die Gefahr durch Verschlucken zu sterben ist größer, als man denkt.

e) ☐ Erwachsene verschlucken sich selten, nur wenn sie zu große Brocken schnell verschlingen oder zu hastig sprechen.

f) ☐ In früheren Zeiten war die Gefahr, sich lebensgefährlich zu verschlucken, größer.

3 *Was passiert, wenn wir uns verschlucken?*

_____

_____

_____

_____

_____

_____

_____

_____

_____

_____

_____

4 *Wieso kam es bei unseren Vorfahren öfters zum Verschlucken?*
Nenne zwei Ursachen, die im Hörtext angesprochen werden.

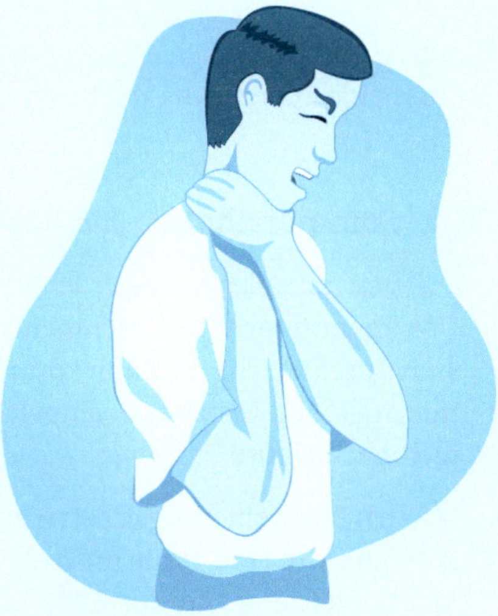

_____

_____

_____

_____

_____

_____

5 *Welche Bedeutung hatte die Fähigkeit, sich selten oder gar nicht zu verschlucken?*

_____

_____

_____

_____

_____

_____

_____

Prüfungsbeispiele

Zum Zweiten Prüfungsteil

Prüfungsbeispiel: Anhand eines literarischen Textes und eines Sachtextes eine Schreibaufgabe lösen

Hinweis: Du sollst dich mit einem literarischen Text und einem Sachtext auseinandersetzen und zum Schluss eine Schreibaufgabe lösen. Dein Text soll auch eine persönliche Stellungnahme enthalten.

M 1 Sommerschnee *Tanja Zimmermann*

Mir ist alles so egal, ich fühle mich gut. Der Regen macht mir nichts aus, meine Stiefel sind durchweicht, die Bahn kommt nicht. Neben mir hält ein Mercedes: „Engelchen, ich fahre
5 dich nach Hause."

Ich hab keine Angst, setze mich einfach neben eine alte Frau, fühle mich sicher, mir kann nichts passieren! In der Bahn stehe ich einge-
10 quetscht zwischen nass stinkenden Persianermänteln[1] und grauen Anzugmännern. Die Bahn bremst, eine dicke Frau fällt gegen mich, drückt mich an die Fensterscheibe. Die Leute fluchen, beschimpfen den Fahrer. Ich lache.

15 Beim Aussteigen drängt jeder den anderen, ich lasse mich treiben, bin glücklich, denke nur an dich!

An der Ampel merke ich, dass ich zu laut singe. Eine Mutter mit Kinderwagen lacht mich
20 an, eine aufgetakelte Blondine mustert mich von oben bis unten. Ich weiß, ich bin klitschnass, meine weiße Hose ist nach fünf Tagen eher dunkelgrau, doch ich weiß, dass sie dir gefällt. Meine Haare hängen nass und strähnig auf
25 meiner Schulter. Du hast gesagt, du hast dich schon am ersten Tag in mich verliebt, und da hatte ich auch nasse Haare.

Ich laufe schnell über die Straße, leiste mir eine Packung Filterzigaretten, kaufe welche, die
30 mir zu leicht sind, die du am liebsten magst.

Ein grelles Quietschen. Ein wütender Autofahrer brüllt, ob ich Tomaten auf den Augen hätte. Ich lache und beruhige ihn mit einem „Kommt nicht noch mal vor". An einem Schau-
35 fenster bleibe ich trotzdem stehen, zupfe an

meinen Haaren herum, ziehe die Hose über meine Stiefel, will dir ja gefallen. Ich will dir ja sogar sehr gefallen!

Auf der Apothekenuhr ist es fünf. Ich laufe
40 quer über die nasse Wiese. Schliddere mehr, als dass ich laufe. Aber ich will dich nicht warten lassen, ich kann das auch nicht. Ich werde dann von Minute zu Minute nervöser, also laufe ich. Bevor ich schelle, atme ich erst ein paarmal tief
45 durch, dann klingel ich, fünfmal hast du gesagt. Und meine Freude, dich zu sehen, ist endgültig Sieger über meine Angst.

Erst dann bemerke ich den kleinen zusammengefalteten Zettel an der Wand. Ja, es tut dir
50 leid, wirklich leid, dass du Vera wiedergetroffen hast! Ich soll es mir gutgehen lassen. Richtig gutgehen lassen soll ich es mir! Die brennende Zigarette hinterlässt Wunden auf meiner Hand. Das Rattern der vorbeifahrenden Laster, das
55 Kindergeschrei, Hundegebell und das laut aufgedrehte Radio von gegenüber verschwimmen zu einem nervtötenden, Angst einjagenden Einheitsgeräusch, meine Augen nehmen nur noch die gröbsten Umrisse wahr. Wie eine alte Frau
60 gehe ich den endlos langen Weg zur Haltestelle, meine Füße sind nass und kalt in den durchweichten Stiefeln. Ein glatzköpfiger Mann pfeift hinter mir her, bietet mir sein Zimmer und sich an.

65 Verschüchtert stehe ich in der Ecke neben dem Fahrplan, mein Gesicht spiegelt sich in der Scheibe. Wann kommt endlich diese elende Straßenbahn?

---

1 Persianermantel: Mantel aus einer bestimmten Art von Schaffell

1 Beantworte stichpunktartig die folgenden Fragen zur Erzählung.

    a) Welche Figuren spielen in der Erzählung eine Rolle?

    _____

    b) Wo spielt die Erzählung?

    _____

    c) Wann spielt die Erzählung?

    _____

    d) Was passiert in der Erzählung?

    _____

    _____

    _____

    _____

2 Ergänze den Handlungsverlauf und die Gefühle der Hauptfigur in der Tabelle. Notiere links die einzelnen Handlungsschritte der Hauptfigur stichpunktartig. Ergänze rechts Aussagen dazu, wie sich die Figur fühlt.

Handlungsschritte	Gefühle der Hauptfigur
Hauptfigur wartet auf die Bahn	_unbeschwert, glücklich_

3 Beschreibe anschließend mithilfe deiner Lösung zu Aufgabe 2, worin in dieser Erzählung die überraschende Wendung besteht. Notiere die Textstelle.

_____

_____

_____

4 Wie verhalten sich die beiden Hauptfiguren?

a) Entscheide, welche Aussagen zutreffen und welche nicht. Kreuze an.

	trifft zu	trifft nicht zu
a) Die junge Frau freut sich auf den Besuch bei dem jungen Mann, in den sie verliebt ist.	☐	☐
b) Die junge Frau ist schlecht gelaunt, weil die Leute fluchen, schimpfen und sie von Männern belästigt wird.	☐	☐
c) Der junge Mann hat sich schon am ersten Tag in die junge Frau verliebt.	☐	☐
d) Der junge Mann hat in einer Handynachricht geschrieben, dass er die Beziehung beenden möchte.	☐	☐

b) Berichtige die falschen Aussagen.

_____

_____

_____

_____

5 Die Autorin / Der Autor ist nicht mit der Erzählerin / dem Erzähler gleichzusetzen.

a) Notiere drei Textstellen, die auf die Erzählperspektive hinweisen.

_____

_____

_____

_____

_____

b) _Aus welcher Perspektive wird erzählt?_

_____

6 _Prüfe, ob der Text von Tanja Zimmermann die in der Tabelle genannten Merkmale einer Kurzgeschichte aufweist. Kreuze in der zweiten Spalte der Tabelle an, was zutrifft, und fülle die dritte Spalte aus._

Merkmale	trifft zu	Belege/Textbeispiele
a) Kürze des Textes	☐	
b) unvermittelter Beginn	☐	
c) kurzer Zeitraum	☐	
d) offenes Ende	☐	
e) alltägliche Sprache	☐	
f) <u>ein</u> Geschehen	☐	

7 **a)** *Bilde für die Begriffe „Sommer" und „Schnee" ein Wortfeld. Nenne jeweils mindestens fünf Begriffe.*

Sommer: _____

_____

Schnee: _____

_____

b) *Erläutere, inwiefern der Titel „Sommerschnee" zu der Kurzgeschichte passt. Berücksichtige deine Ergebnisse aus Aufgabe a).*

_____

_____

_____

_____

_____

_____

8 *Vergleiche die folgenden beiden Textstellen und schreibe auf, wie sich die Stimmung der Hauptperson im Verlauf der Handlung verändert.*

„Die Bahn bremst, eine dicke Frau fällt gegen mich, drückt mich an die Fensterscheibe. Die Leute fluchen, beschimpfen den Fahrer. Ich lache." (Z.10–13)

„Wie eine alte Frau gehe ich den endlos langen Weg zur Haltestelle, meine Füße sind nass und kalt in den durchweichten Stiefeln." (Z.58–61)

_____

_____

_____

_____

_____

_____

_____

M 2 Warum Liebeskummer normal ist

Elena-Katharina Sohn berät seit fünf Jahren mit einem Team aus Psychologen und Coaches Menschen mit Liebeskummer. [...]

Gibt es eine Dauer und Intensität von Liebeskummer, von der Sie sagen würden: Das ist nicht mehr normal, da braucht es therapeutische Hilfe?

[...] Meiner Erfahrung nach hat die Intensität des Liebeskummers kaum etwas damit zu tun, wie lang die Beziehung war. [...] Aber auf jeden Fall sofort Hilfe suchen muss man, wenn man Suizidgedanken hat. Was die Dauer angeht, kann man sagen, dass in der psychologischen Terminologie Liebeskummer als „Anpassungsstörung" definiert ist. Die gilt allgemein als therapiebedürftig, wenn sie länger als zwei Jahre anhält. [...]

Oft hört man den Rat, man solle der verflossenen Liebe einen Brief schreiben und ihn wegschmeißen. Sie dagegen empfehlen, den Brief tatsächlich abzuschicken. Warum?

Jeden mit Liebeskummer treibt die Frage um, ob man nicht doch noch eine Chance hat, wieder zusammenzukommen. [...] Aber meine ganz praktische Erfahrung aus fünf Jahren Beratung ist: In den wenigen Fällen, wo Paare tatsächlich wieder zusammengekommen sind, lag es immer daran, dass sie ehrlich zu ihren Gefühlen gestanden haben, auch zu ihrem Schmerz. Aber ich möchte auch keine falsche Hoffnung machen. Denn vor allem hilft der Brief einem selbst, einen Abschluss zu finden und loszulassen: Ich habe jetzt noch einmal alles ausgesprochen, was mir wichtig war – mehr kann ich wirklich nicht tun.

Hat Liebeskummer auch was Gutes?

Ja, absolut! Ganz selten gibt es Phasen im Leben eines Menschen, in denen so viel Potenzial für Weiterentwicklung steckt. Verlassen zu werden ist erst einmal eine emotionale Katastrophe. Aber im Rückblick kommen viele Menschen irgendwann zu dem Schluss, dass der Liebeskummer eine so positive Entwicklung für ihr Leben in Gang gesetzt hat, dass sie dem Ex-Partner dafür fast dankbar sind.

Das klingt fast schon ein wenig zu erwachsen und reflektiert.

Ich glaube aber, dass es stimmt. Man wird durch Trennung und Liebeskummer gezwungen, sich sehr mit sich selbst, seinen Wünschen und Bedürfnissen auseinanderzusetzen. Und das führt immer zu einem Reifungsprozess, den viele im Nachhinein als positiv bewerten. [...]

Sie schreiben, dass Partnerschaft heute in der Gesellschaft überbewertet werde, gar eine Ersatzreligion sei. [...]

Das eine hängt, glaube ich, mit dem anderen zusammen. Die Leute, die immer nur kurz mit jemandem zusammen sind, machen das ja vor allem, weil sie verzweifelt und permanent nach etwas suchen, was noch größer, schöner, erfüllender ist. Partnerschaft wird heutzutage zu etwas hochstilisiert, was sie gar nicht erfüllen kann. [...]

Weil die die Wenigsten finden?

[...] „Diese vier Jahre hätte ich mir schenken können, ich habe geglaubt, dass das meine große Liebe ist, und jetzt ist er doch weg ..." Ich frage mich da: Bemisst sich eine große Liebe wirklich daran, dass sie ein Leben lang hält? Kann eine große Liebe nicht auch eine sein, die vielleicht nur sechs Monate gehalten hat [...]? Ich glaube nicht, dass die große Liebe zwangsläufig auf einen bestimmten Menschen beschränkt ist. [...] Ich glaube, die große Liebe ist vor allem eine Fähigkeit, die wir als Menschen in uns tragen – nämlich, sie zu geben und sie zu empfangen.

(http://www.brigitte.de/liebe/beziehung/trennung--warum-liebeskummer-normal-ist-10606070.html vom 19.08.2016 (Auszug) Interview: Sonja Niemann BRIGITTE 09/2016)

9 *Kreuze die richtigen Aussagen zum Text an.*

a) ☐ Liebeskummer wird in der psychologischen Fachsprache als Anpassungsstörung bezeichnet.

b) ☐ Viele Menschen, die Liebeskummer hatten, sehen ihn rückblickend positiv.

c) ☐ Das Glück und die große Liebe hängen davon ab, wie lange eine Beziehung dauert.

d) ☐ Liebeskummer zwingt zur Selbstauseinandersetzung mit vielen Möglichkeiten zur persönlichen Weiterentwicklung.

e) ☐ Man soll der verflossenen Liebe durchaus einen Brief schreiben und den auch abschicken, um für sich selbst einen Abschluss der Beziehung zu finden.

f) ☐ Man wird durch Trennung und Liebeskummer eher nicht dazu gezwungen, sich mit sich selbst, seinen Wünschen und Bedürfnissen auseinanderzusetzen.

g) ☐ Eine Anpassungsstörung in Form von Liebeskummer, die länger als 2 Jahre dauert, wird von Frau Sohn als therapiebedürftig eingestuft.

10 **a)** *Beschreibe, worin Elena-Katharina Sohn beim Thema „Liebeskummer" Potenzial im Sinne von Möglichkeiten der Weiterentwicklung einer Persönlichkeit sieht.*

_____

_____

_____

_____

_____

_____

_____

b) *Formuliere mit eigenen Worten und antworte mit einem Satz: Unter welchen Umständen stuft Elena-Katharina Sohn Liebeskummer als bedrohlich ein?*

_____

_____

_____

11 *Erläutere den Zusammenhang zwischen der Hauptfigur in der Kurzgeschichte „Sommerschnee" und dem Gefühlszustand Liebeskummer.*

_____

_____

_____

_____

_____

_____

_____

_____

_____

In der folgenden Schreibaufgabe sollst du dich in verschiedene Personen hineinversetzen und Beiträge für ein Internetforum aus verschiedenen Perspektiven formulieren. Im letzten Abschnitt nimmst du selbst begründet Stellung.

12 *Schreibaufgabe*

Stelle dir Folgendes vor: Die Ich-Erzählerin aus der Kurzgeschichte „Sommerschnee" möchte herausfinden, wie das Verhalten des Freundes zu verstehen ist. Sie besucht deshalb im Internet ein Forum zum Thema „Liebeskummer". Unter einem Nickname fasst sie zuerst mit eigenen Worten zusammen, was sie erlebt hat. Anschließend fragt sie, wie andere Leser/-innen des Internetforums das Vorgehen und die Zettelbotschaft des Freundes beurteilen.

Bearbeite nun die Aufgaben a)–c). Schreibe in dein Heft.

a) *Schreibe zuerst den Forumseintrag der Ich-Erzählerin. Fasse für das Forum in Anlehnung an eine Inhaltsangabe zusammen, was die Hauptfigur erlebt hat. Denke dich dabei in ihre Situation hinein und beschreibe ihre Vorfreude und dann die Enttäuschung, als sie den Zettel findet. Formuliere am Schluss ihre Fragestellung an die Leser des Forums.*

b) *Daraufhin erhält sie zwei Antworten im Forum: Im ersten Eintrag wird das Verhalten des Freundes verurteilt. Im zweiten Eintrag stößt das Verhalten ihres Freundes mit Blick auf „Vera" auf Verständnis. In jedem Eintrag kommen mindestens zwei Begründungen für die jeweilige Einstellung vor. Schreibe die beiden Forumseinträge in Briefform. Achte bei der Begründung auf vollständige Argumente.*

c) *Nimm zu der Frage Stellung, wie sich die Hauptfigur ihrem Ex-Freund gegenüber verhalten sollte, um ihren Liebeskummer allmählich zu überwinden. In deiner Stellungnahme sollen deine Ideen dazu und deine eigene Meinung deutlich zum Ausdruck kommen und gut begründet werden.*

Prüfungsbeispiel: Anhand eines Sachtextes und einer Karikatur eine Erörterung schreiben

Hinweis: Du sollst dich in folgendem Prüfungsbeispiel mit einem Sachtext und einer Karikatur auseinandersetzen und am Ende eine Erörterung schreiben, die einen Bezug zwischen den im Text genannten Argumenten und der Botschaft der Karikatur herstellt. Du sollst auch deine eigene Meinung zum Thema formulieren.

1 *Lies den folgenden Text „Große Freiheit oder Hotel Mama?". Markiere wichtige Argumente.*

M 3 Große Freiheit oder Hotel Mama? *Eva Dorothée Schmid*

Wer mit Studium oder Ausbildung beginnt, muss sich entscheiden zwischen dem Zimmer bei den Eltern, der eigenen Bude oder einer WG.

[...] Endlich keinen Ärger mehr mit den Eltern und keine nervigen Geschwister, mit denen man sich rumschlagen muss: In die eigene Wohnung zu ziehen und selber über sein Leben bestimmen zu können, das ist der große Traum vieler Jugendlicher.

Doch eine Wohnung bringt nicht nur die vermeintliche große Freiheit, sondern auch jede Menge Kosten und Arbeit.

„Durchschnittlich ziehen Frauen mit 21 aus, Männer mit 23", sagt die Psychologie-Professorin Christina Papastefanou aus Ludwigshafen. „Lehrlinge verlassen ihr Elternhaus früher, weil sie sich das leisten können." Bei Studenten sei das von der finanziellen Lage der Eltern abhängig. Anders als früher gelte es vor Freunden nicht mehr als Schande, mit Mitte 20 noch zu Hause zu wohnen.

Helga Gürtler, Diplom-Psychologin aus Berlin, hat festgestellt: „Es ist immer häufiger so, dass Jugendliche zu Hause bleiben und Eltern und Jugendliche damit ganz zufrieden sind." Das Hotel Mama hat ja auch unübersehbare Vorteile. „Das ist am billigsten", sagt zum Beispiel der 20-jährige Felix aus Bergkamen. Und es ist bequem. „Wenn man alleine wohnt, muss man sich um alles selbst kümmern." [...]

Doch die kostengünstige Bequemlichkeit hat ihren Preis. „Egal, wie alt man ist, man ist immer unter der Aufsicht der Eltern", weiß Felix. Expertin Papastefanou kann das bestätigen: „Eltern und Kinder bleiben immer Eltern und Kinder", also in ihren Rollen verhaftet. „Nur eine Tür zwischen dem Kinderzimmer und der Wohnung, das schränkt die Sexualität schon ein", so die Professorin.

Um nicht ewig „Nesthocker" zu bleiben, ist irgendwann der Auszug angesagt. Spätestens „in den Zwanzigern" sollte man eine eigene Wohnung haben, findet Helga Gürtler. Sie meint, dass Jugendliche besser als die Eltern abschätzen können, ob sie schon alleine zurechtkommen: „Eltern glucken tendenziell zu viel und bleiben hinter der Zeit zurück." [...]

Meist stellt sich die Frage nach den eigenen vier Wänden beim Beginn der Ausbildung oder des Studiums. „Manche Jugendlichen schränken sich in ihren Ausbildungsmöglichkeiten ein, weil sie zu Hause wohnen bleiben wollen", berichtet Papastefanou und plädiert für die radikale Lösung: „Wenn man was Neues anfängt, gleich den Absprung wagen."

Der Auszug aus dem elterlichen Nest kann das Verhältnis zu den Eltern verbessern. „Manche Streitigkeiten entkrampfen sich, wenn man sich zum Beispiel nicht jeden Tag um irgendeinen ‚Alltagsscheiß' streitet", sagt Ratgeberautorin Gürtler. Außerdem merkten die Jugendlichen, was die Eltern alles still und leise gemacht haben, und das äußere sich oft in Dankbarkeit. Auch die Eltern behandeln ihre Sprösslinge nach dem Auszug anders. „Der Respekt gegenüber den Kindern steigt", so Papastefanou.

Die erste eigene Wohnung – ein erster Schritt in die Freiheit. Aber dafür muss man alles selbst bezahlen und alles selbst machen: Die Wäsche will gewaschen werden, auch das Essen zaubert sich nicht von selbst auf den Tisch.

Alles halb so schlimm, findet Alexander aus Hamburg. Der 25-Jährige ist vor vier Jahren ausgezogen und erzählt: „Die Haushaltsführung war kein Problem, Essen musste ich auch vorher selbst machen." Und Wäsche waschen zum Beispiel sei „halt eine lästige Nebenbeschäftigung".

80 Wichtig ist die finanzielle Seite der eigenen Bude. Neben der Miete fordern viele Vermieter eine Kaution von bis zu zwei Kaltmieten. Das Geld gibt es beim Auszug wieder zurück, aber man muss es erst mal aufbringen. [...] Eine Möglichkeit, die Miete relativ gering zu halten und in einer größeren Wohnung zu wohnen, sind Wohngemeinschaften. „Ich habe mir das lustiger vorgestellt, als alleine zu wohnen, und so war's dann auch", erzählt WG-Bewohner Alexander aus Hamburg.

85

2 *Benenne kurz die beiden Grundpositionen.*

_____

_____

_____

_____

3 *Von welchen Personen werden im Text welche Grundpositionen vertreten? Notiere.*

Pro: _____

Kontra: _____

4 *Trage die Argumente zusammen, die für oder gegen den Auszug aus dem Elternhaus sprechen. Ordne die Argumente den jeweiligen Personen zu.*

_____

_____

_____

_____

_____

_____

_____

_____

_____

_____

_____

5 Wie Eltern es finden, wenn ihre Kinder zu Hause wohnen bleiben, wird im Text nicht erwähnt.

a) Sieh dir dazu die folgende Karikatur an.

„Kannst du das auch noch schnell mitwaschen? Ich brauche das fürs Training morgen. Da fährst du mich doch wieder hin, oder?"

b) Beschreibe die Karikatur stichpunktartig und erläutere, wie sie gemeint ist.

_____

_____

_____

_____

c) Überlege dir mithilfe der Karikatur ein mögliches Argument der Eltern.

_____

_____

_____

_____

_____

6 Ergänze ein eigenes Argument. Greife dabei, wenn möglich, auf deine eigene Erfahrung zurück.

_____

_____

_____

_____

7 *Schreibaufgabe*

Schreibe auf der Grundlage des Sachtextes und der Karikatur eine Erörterung zu dem Thema „Von Zuhause ausziehen – ja oder nein?" in dein Heft.

Bearbeite nun die Aufgaben a) – d).

a) *Erstelle eine Gliederung zu einer Pro-und-Kontra-Erörterung. Du kannst deine Gliederung numerisch oder alphanumerisch aufbauen. Notiere die einzelnen Gliederungspunkte in Stichpunkten.*

b) *Führe im Rahmen der Einleitung so in das Thema ein, dass du beim Leser Interesse weckst. Stelle kurz die Grundpositionen (pro und kontra) dar.*

c) *Beziehe im Hauptteil sowohl die Argumente, die du dem Text entnommen hast, als auch die auf der Grundlage der Karikatur von dir formulierten Argumente der Eltern mit ein.*

d) *Lege im Schlussteil deine eigene Meinung begründet dar.*

Prüfungsbeispiel: Anhand eines Interviews und eines Gedichts einen Leserbrief schreiben

Hinweis: Du sollst dich mit einem Interview und einem Gedicht auseinandersetzen und am Ende einen Leserbrief schreiben, der einen Bezug zwischen den im Text genannten Argumenten und der Botschaft des Gedichts herstellt. Du sollst im Leserbrief auch deutlich deine eigene Meinung formulieren.

1 *Lies das folgende Interview aufmerksam. Markiere wichtige Aussagen.*

M 4 „Mode" … *Interview: Dorothea Fogt*

… bedeutet: die in einer bestimmten Zeit über einen bestimmten Zeitraum bevorzugte und als zeitgemäß geltende Art, sich zu kleiden, zu frisieren und auszustatten. Der Begriff
5 kommt aus dem Französischen (*mode*; nach lat.: *modus* = Art). Mode drückt sowohl die Zuordnung zu bestimmten Gruppen der Gesellschaft als auch die individuelle Abhebung aus.

Wir wollten von Jugendlichen wissen, was
10 Mode für sie bedeutet.

Welche Einstellung habt ihr zum Thema „Mode"?

Peter: Es war einmal ein Peter, Peter hatte kein Geld mehr, denn er trug sein ganzes Geld
15 an seinem Körper. Zum Beispiel in Form von teuren 120-€-Hosen!

Nadine: Mode ist für mich schon ziemlich wichtig.

Ebru: Also, mir ist dieser ganze Konsumter-
20 ror doch ziemlich egal.

Nadine: Das sagen vor allem diejenigen, die es sich nicht leisten können, jeden Trend mitzumachen. Vor allem, wenn es sich um Markenklamotten handelt.

David: Mode betrifft nicht nur die Kleidung. 25
Piercing, Tattoos und ausgefallene Frisuren gehören ja genauso dazu. Für Mädchen ist Mode noch wichtiger als für Jungs.

Peter: Das finde ich nicht, gerade wenn es um Frisuren geht, sind Jungs doch mindestens 30
genauso modebewusst wie Mädchen, wenn nicht sogar noch mehr.

Welche Rolle spielen denn Marken?

Peter: Also, es gibt schon Marken, um die du nicht herumkommst, sonst bist du auf jeden Fall 35
out – z. B. bei Hosen. Da geht es dann erst ab 100 Euro richtig los.

Warum sind Marken eigentlich so teuer?

Ebru: Die Details sind das Wichtigste, sagen alle. Aber ich finde, die Details sind bei Marken- 40
jeans auch nicht anders als bei einer billigen Jeans. Deswegen gebe ich auch nicht so viel Geld für Markenklamotten aus.

David: Na ja, die Beratung kommt ja auch noch dazu, außerdem ist die Qualität fast im- 45
mer besser. Vor allem Markenjacken und -pullis halten länger. Bei den billigen ist beispielsweise ziemlich schnell der Reißverschluss kaputt.

Macht ihr jeden Trend mit?

50 **Nadine:** Ich würde mich nicht piercen lassen. Gerade beim Piercen gibt es so viele Nebenwirkungen durch unsauberes Stechen oder minderwertige Materialien. Ich habe einige Freundinnen, die nach dem Piercen schlimme
55 Ausschläge oder entzündete Piercinglöcher hatten.

David: Mit den Tattoos sehe ich das ähnlich. Früher hatten doch nur Matrosen oder Sträflinge Tattoos oder Branding, und auf einmal sollen
60 die das äußere Erscheinungsbild schmücken? Und das mit den Biotattoos ist doch Unsinn. Angeblich verschwinden die nach einigen Jahren von selbst wieder, weil nicht so tief gestochen wird. In Wirklichkeit geschieht dies aber nur in
65 den seltensten Fällen. Ein Bekannter meines Vaters hatte eines, nach 5 Jahren sind immer noch Teile oder ein Schatten erhalten, obwohl es ihm nicht mehr gefällt, und dann?

Ebru: Also ich finde diese Baggy Pants völlig
70 lig daneben. Sie sind in Hip-Hop- und Skaterkreisen beliebt: sehr weit geschnittene Hosen, meist ohne Gürtel getragen, wodurch der Schritt im Extremfall zwischen den Knien hängt. In den amerikanischen Ghettos wurde daraus ein eige-
75 ner Stil entwickelt, der Solidarität mit den inhaftierten Gangmitgliedern bezeugt, aber auch eigene Gefährlichkeit darstellen sollte. Andere sagen, die Kids aus den Ghettos mussten die Hosen ihrer älteren Brüder auftragen, welche na-
80 türlich oft doppelt so groß waren wie die Träger selbst. Völlig gleich, wer Recht hat, auf jeden Fall verstehe ich nicht, was das mit unseren Jungs zu tun haben soll. Von denen kommt doch keiner aus dem Ghetto – die Hosen sehen einfach
85 nur zum Totlachen aus.

**Jugendliche reden immer von „Style".
Was heißt das eigentlich?**

Peter: Den Ausdruck benutzen die Leute gerne für sich selbst. Jeder muss selbst für sich definieren, wie er sein möchte. Das äußere Er-
90 scheinungsbild ist Ausdruck der eigenen Persönlichkeit. Auf der anderen Seite spielt Mode als Zeichen der Zugehörigkeit zu einer bestimmten Clique eine wichtige Rolle. Daran kommt keiner vorbei!
95 **Ebru:** Man kann auch anerkannt sein, ohne Trends mitzumachen. Es ist doch unlogisch, für einen eigenen „Style" so viel Geld auszugeben. Gerade Markenklamotten sind doch gar nicht individuell. Die kann doch jeder tragen! Oft lau-
100 fen in der Schule zwanzig Leute mit den gleichen Turnschuhen und mindestens fünf mit der gleichen Jacke herum.
Nadine: Auf jeden Fall macht Mode Spaß.
105 Für mich ist Mode so etwas wie ein Hobby.

2 *Wie wird „Mode" in der Einleitung definiert? Gib die Erklärung in eigenen Worten wieder.*

3 *Teile das Interview in Sinnabschnitte ein und finde passende Überschriften für die jeweiligen Abschnitte. Gib dabei für jeden Sinnabschnitt die Zeilen an.*

4 *Das Interview enthält Argumente mit Beispielen für und gegen das Mitmachen von Modetrends.*

   a) *Schreibe die Argumente mit Beispielen in Form einer Tabelle in dein Heft.*

   b) *Ergänze die Tabelle mit jeweils zwei eigenen Pro- und zwei eigenen Kontra-Argumenten.*

5 *Lies das Gedicht „Es lebe die Mode!" von Joachim Ringelnatz.*

M 5 Es lebe die Mode!   *Joachim Ringelnatz*

Für die Mode, nicht dagegen
sei der Mensch! – Denn sie erfreut,
wenn sie sich auch oft verwegen
vor dem größten Kitsch nicht scheut.

5 Ob sie etwas kürzer, länger,
enger oder anders macht,
bin ich immer gern ihr Sänger,
weil sie keck ins Leben lacht.

Durch das Weltall sei's gejodelt
10 allen Schneidern zum Gewinn:
Mode lebt und Leben modelt,
und so haben beide Sinn.

6 *Welche Meinung zum Thema „Mode" wird in dem Gedicht vertreten? Fasse sie in eigenen Worten zusammen und erläutere, wie sie begründet wird.*

7 *Untersuche die Form und die Sprache des Gedichts.*

    a) *Nenne mindestens drei auffällige Aspekte. Belege mit Textstellen.*

_____

_____

_____

_____

_____

_____

    b) *Erkläre, inwiefern Form und Sprache des Gedichts seine inhaltliche Aussage unterstützen.*

_____

_____

_____

_____

_____

_____

_____

_____

8 *Schreibaufgabe*

„Mode" ist das Thema der letzten Ausgabe der Schülerzeitung gewesen, in der du auf das Interview sowie das Gedicht von Joachim Ringelnatz gestoßen bist. Verfasse nun einen Leserbrief für die kommende Ausgabe der Schülerzeitung, in dem du auf Interview und Gedicht Bezug nimmst. Schreibe in dein Heft.

Bearbeite nun die Aufgaben a)–c).

a) *Erläutere in deiner Einleitung, was du unter Mode verstehst. Führe aktuelle Trends an, die dein Verständnis von Mode verdeutlichen.*

b) *Gehe im Hauptteil knapp, aber präzise auf die in Interview und Gedicht aufgeführten Pro- und Kontra-Positionen ein.*

c) *Schließe deinen Leserbrief mit einer ausführlichen persönlichen Stellungnahme. Lege dar, welche gesellschaftliche Bedeutung deiner Ansicht nach der Mode zukommt, und stelle heraus, welche Rolle Modetrends für dich persönlich spielen. Formuliere schließlich Tipps für deine Mitschüler/-innen, die ihnen helfen könnten, einen selbstbewussten Umgang mit Modetrends zu finden.*

Deutsch

ABSCHLUSS-
PRÜFUNGS-
TRAINER

Realschulabschluss
Niedersachsen

Lösungsteil

Erarbeitet von
Birthe Theis und
Volker Westerkamp

Cornelsen

1 Übungen zum Ersten Prüfungsteil

Hörtext 1:

Radiobeitrag: Überraschung für Ferrero

Zum Glück waren die Eltern dabei, als das Kind in der Cafébar die gelbe Plastikdose öffnete. Statt des erhofften Spielzeugs steckte eine Tablette gegen Bluthochdruck im Überraschungsei – kein Medikament, das Kinder mal einfach so schlucken sollten. Der Fall ereignete sich in einem kleinen Dorf in der Nähe von Rom. Die Carabinieri haben die Ermittlungen aufgenommen. Handelt es sich um einen bösen Scherz oder ein Versehen? Die Staatsanwaltschaft geht von Sabotage aus und rekonstruiert die Produktionskette. Die Schokolade für die Kinder-Überraschung wird im Mutterhaus von Ferrero im Piemontesischen Alba hergestellt. In Filialen des Konzerns in Osteuropa wird das Überraschungsei konfektioniert, sprich verpackt, und mit der gelben Spielzeugpatrone bestückt. Doch vieles deutet auf Italien hin: Das Medikament wird außerhalb des Landes nicht vertrieben und das Ei wurde für den italienischen Markt produziert – Kinder Sorpresa. Für den italienischen Süßwarenhersteller Ferrero schon wieder eine böse Überraschung, nachdem in Frankreich ein Mädchen an einem Spielzeug aus dem Überraschungsei erstickt war. Dieser Fall hatte keine strafrechtlichen Konsequenzen für Ferrero. Und auch bei dem im Schokoladenei versteckten Medikament sieht sich der Konzern als Opfer. Da die Ermittlungen noch andauern, wolle man keine weiteren Erklärungen abgeben, heißt es in Alba.

Hörtext 2:

Interview: „Ich bin dann mal weg!" – mit 16 in die eigene Wohnung

Celine, erzähl zunächst mal, wer du bist, wo du lebst und was du zurzeit beruflich machst.
Ich heiße Celine, bin 17 Jahre alt und komme aus Hatten, da habe ich auch meine eigene Wohnung. Zurzeit mache ich ein Freiwilliges Soziales Jahr in einer Integrativen Kita, und die ist in Oldenburg.
Im letzten Spätsommer bist du nach dem Schulabschluss zu Hause ausgezogen. Welche Gründe gab es damals für dich?
Bevor ich ausgezogen bin, habe ich mit meiner Mama, meinem Stiefvater und seinem Sohn zusammengewohnt. Meine Mama ist leider erkrankt, sodass sie für längere Zeit in ärztliche Behandlung musste. Wir waren mit der Situation überfordert, es gab häufiger Streit. Das war in der Prüfungszeit und tat mir natürlich überhaupt nicht gut.
Dann bist du zu deinem Freund gezogen?
Ja. Die Eltern meines damaligen Freundes boten mir

an, vorübergehend zu ihnen zu ziehen, und dies habe ich auch getan. Es war die richtige Entscheidung, denn so konnte ich besser lernen und habe einen guten Abschluss erreicht. Durch einen Zufall hörte der Vater meines damaligen Freundes von einer günstigen Wohnung, sodass wir die Chance nutzten und dort im August gemeinsam eingezogen sind.
Auch viele andere Jugendliche wünschen sich, zu Hause auszuziehen. Welche Vorteile ergeben sich für dich durch die eigenen vier Wände?
Die Vorteile an den eigenen vier Wänden bestehen für mich darin, dass ich einfach viel freier bin. Ich kann ganz alleine entscheiden, wie meine Wohnung aussieht, wann ich was mache, was ich essen möchte, wann ich Besuch bekomme. Es ist, als wäre ich erwachsen.
Gibt es auch eindeutige Nachteile? Wenn ja, welche?
Natürlich gibt es auch Nachteile. Menschen in meinem Alter haben noch mehr das Bedürfnis, viel zu unternehmen. Jetzt komme ich erst abends von der Arbeit nach Hause und muss noch einkaufen, Wäsche waschen, Essen kochen, abwaschen, aufräumen und putzen. Da bleibt leider nicht viel Freizeit. Ein anderer Nachteil ist eher ein Gefühl. Obwohl man genug zu tun hat, fühlt man sich schneller alleine, weil niemand da ist, mit dem man reden kann.
Bestimmt hattest du auch mit Widerständen zu kämpfen oder waren deine Eltern sofort mit allem einverstanden?
Ich hatte nicht wirklich mit Widerständen meiner Eltern zu tun, da die Wohnung eine gute Chance für mich war. Sie ist groß, günstig, gepflegt und liegt in derselben Straße wie mein Elternhaus. Deswegen wollten meine Eltern nicht, dass ich mir die Chance entgehen lasse. Natürlich haben sie mich auch aufgeklärt, dass es vielleicht nicht so einfach wird, wie ich mir das vorstellen würde. Aber sie haben's mir zugetraut, also war alles in Ordnung.
Versuch dich mal an das Gefühl der ersten Tage in der eigenen Wohnung zu erinnern und beschreib mal, ob das eher ein Glücksgefühl war oder ob dir gerade in den ersten Tagen auch ein bisschen mulmig wurde.
Die ersten Tage in meiner Wohnung waren schon etwas komisch. Ich konnte selbst kaum glauben, dass ich schon mit 16 ausgezogen war. Es ging einfach alles so schnell. Als ich es realisiert hatte, war ich aber schon stolz und glücklich.
Dein Freund ist dann nach kurzer Zeit ausgezogen. War das in Bezug auf die eigene Wohnung ein Schock für dich?
Mein damaliger Freund ist nach einer Zeit ausgezogen, weil wir uns getrennt haben. Natürlich war dies ein Schock für mich. Der Gedanke, ganz allein zu sein, war schon komisch. Ich war mir auch erst nicht so sicher, ob ich das alles so ganz alleine schaffen würde, gerade finanziell.

Welche Herausforderungen und Probleme sind dadurch für dich entstanden?
Eine große Herausforderung bestand darin, dass ich die Sachen, die mein Freund mitgenommen hatte, neu besorgen musste. Da außerdem alles über seinen Namen lief, musste ich erst mal alles ummelden. Das war etwas stressig, mehr aber auch nicht.
Hast du damals überlegt, die eigene Wohnung wieder aufzugeben?
Es kamen zuerst Ängste auf. Ich dachte anfangs, ich müsste zurück zu meinen Eltern ziehen. Damit hätte ich mich nicht anfreunden können, denn Aufgeben ist nicht meine Stärke.
Welche Unterstützung bekommst du?
Ich bekomme ein bisschen Unterstützung von meiner Oma und meinem Opa, meiner Mama und meinem Stiefvater. Sie kochen manchmal für mich mit, kümmern sich um meinen Hund und unterstützen mich finanziell.
Beschreib doch mal, wie du die Wohnung finanzierst.
Im FSJ erhalte ich ein Taschengeld, dazu bekomme ich auch noch Kindergeld und etwas Geld legt meine Familie dazu.
Na, große Sprünge kannst du mit deinem Taschengeld aus dem FSJ natürlich nicht machen. Nervt dich das?
Natürlich habe ich nicht viel Geld, aber ich kann gut damit umgehen. Ich muss immer gucken, dass ich mir das gut einteile und nicht das Teuerste kaufe, aber ich komme sehr gut damit klar.
Wenn du nach der Arbeit nach Hause kommst, was gibt es da für dich im eigenen Haushalt alles zu tun?
Wenn ich Feierabend habe, fahre ich erst mal zum Fitness, denn man muss auch etwas für sich tun, was einem richtig Spaß macht. Häufig habe ich nach der Arbeit großen Hunger, aber das Essen muss ich mir auch erst mal kochen. Dann steht noch die tägliche Arbeit im Haushalt an. Manchmal muss ich noch Vorbereitungen für die Kita machen. Bis ich dann zur Ruhe gekommen bin, ist es auch schon spät und ich bin so müde, dass ich sofort einschlafe.
Jetzt wohnst du schon ein halbes Jahr in der eigenen Wohnung. Hast du das jemals bereut?
Zwischendurch habe ich den Schritt in die eigene Wohnung auch bereut. Wenn ich beispielsweise viel zu Hause zu tun hab. Aber ich bin stolz, alles allein zu schaffen. Ich bin mir sicher, dass es nicht alle in meinem Alter schaffen.
Erzähl mal, ob du anderen Jugendlichen empfehlen würdest, mit 16 zu Hause auszuziehen.
Ich würde anderen 16-Jährigen nicht empfehlen, schon auszuziehen, da man eine große Verantwortung übernimmt und das auch anstrengend ist. Mit 16 sollte man lieber noch die Freizeit genießen. Und ausziehen kann man auch noch früh genug, das Leben ist lang. Das Geld kann man sich auch sparen, gerade wenn man ein gutes Zuhause hat. Das Alleinsein ist auch nicht immer schön. Natürlich klingt es toll, so

früh schon alleine zu wohnen, aber man sollte nie die Nachteile vergessen und sich wirklich sicher sein.
Hast du einen Rat für andere Jugendliche, die sich diesen Schritt überlegen?
Mein Rat lautet: Überlegt euch gut, ob ihr wirklich schon so früh ausziehen wollt. Das ist ein großer Schritt, der das ganze Leben ziemlich verändert, also seid euch auch sicher. Zieht auch nicht in die erste eigene Wohnung mit eurem Partner, denn diese Situation ist für beide ungewohnt und kann die Beziehung kaputt machen. Auch wenn man sich vorher schon jeden Tag gesehen hat, die eigene Wohnung ist noch mal eine andere Hausnummer.

Seite 7

❶ Aussage c) ist richtig.

❷ enthalten: a), d); nicht enthalten: b), c)

❸ In Frankreich erstickte ein Mädchen an dem Spielzeug, das im Überraschungsei enthalten war.

❹ Die Staatsanwaltschaft geht von Sabotage aus. Sie will die Produktionskette durch Rekonstruktion untersuchen und so den Fall aufklären.

Seite 8

❺ Weitere Erklärungen werden aufgrund der laufenden Ermittlungen nicht abgegeben.

❻ 1. Das Überraschungsei wurde unter italienischem Handelsnamen nur für den italienischen Markt produziert.
2. Das Medikament wird außerhalb Italiens nicht verkauft.

Seite 9

❶ richtig: a), c); falsch: b), d)

❷ Im Hörtext werden die Aussagen a) und b) genannt.

❸ So könnte deine Lösung aussehen:
...fühlte sie sich stolz und glücklich, dass sie schon mit 16 ausgezogen war.

Seite 10

❹ ... es wird jemand befragt. In einer Reportage wird anschaulich berichtet.

❺ 1. Der Schritt sollte gut überlegt und sicher sein, weil es ein großer Schritt ist und sich das Leben dadurch verändern wird.

2. Man sollte nicht gleich in die erste eigene Wohnung mit seinem Partner ziehen. Auch wenn man sich bis dahin jeden Tag sah, ist das eine große Herausforderung und Veränderung. Wegen der ungewohnten Situation könnte die Beziehung kaputtgehen.

6 Vorteile: ~~ich kenne mich seit dem Umzug in die eigene Wohnung sehr gut mit den notwendigen behördlichen Formalitäten aus~~, ich lerne Verantwortung für andere zu übernehmen. Nachteile: ~~ich kann mir finanziell nichts mehr leisten~~, die Verantwortung für die eigene Wohnung empfinde ich als erdrückend.

2 Übungen zum Zweiten Prüfungsteil

Seite 11

1 Kreis-, Balken- und Säulendiagramme: Größenverhältnisse
Balken-, Säulen-, Kurven- oder Liniendiagramme: Entwicklungen

2 Waldbestand: Kreis-, Balken- oder Säulendiagramm
Lebenserwartung: Balken-, Säulen-, Kurven- oder Liniendiagramm
Filmwettbewerb: Kreis-, Balken- oder Säulendiagramm

Seite 12

1 a) Balkendiagramm

b) Es wird dargestellt, wofür Jugendliche das Internet nutzen.

c) Das Diagramm wurde 2015 im Rahmen der JIM-Studie erstellt.

d) Die meiste Zeit der Nutzung entfällt auf die Kommunikation (40 %), gefolgt von Unterhaltung (26 %) und Spielen (20 %). Den geringsten Anteil an der Nutzung des Internets macht die Informationssuche (14 %) aus. Mädchen haben eine andere Internetaktivität als Jungen.

Seite 13

1 e) Das Balkendiagramm der JIM-Studie aus dem Jahr 2015 stellt dar, wofür Jugendliche ihre Zeit im Internet nutzen. Die meiste Zeit beschäftigen sich die Jugendlichen mit der Kommunikation, Unterhaltung und Spielen. Am wenigsten Zeit verbringen sie mit der Suche nach Informationen. Mädchen verbringen mehr Zeit im Netz mit der Kommunikation als Jungen, während Jungen mehr spielen.

1 Richtige Aussagen: a, e, f, g

Seite 14

2 *Individuelle Lösungen*

3 Zeile 12–15: Ich würde … vermeiden.
Zeile 17–21: Entwicklungsaufgaben … ersetzen.
Zeile 26–29: Es ist … entsteht.
Zeile 32–33: Ausnahmen … entstehen.

Seite 15

4 1. Die Zeiten für Mediennutzung sollten auch am Wochenende begrenzt werden, der Rhythmus sollte nicht so extrem verschieden sein. Entwicklungsaufgaben können nicht von Medien ersetzt werden.
2. Bis zum Alter von acht Jahren sollten Computerspiele vermieden werden, Kinder können erst danach zwischen Fiktion und Realität unterscheiden.
3. Regeln innerhalb einer Familie sind wichtig, um Verlässlichkeit und Vertrauen aufzubauen, Ausnahmen sollten gut begründet sein.

5 b) 1. Richtig ist, dass die Jungen etwas zusammen machen und sich austauschen, also kommunizieren.
2. Die Jungen haben Spaß miteinander, nur sind sie nicht am gleichen Ort. Die Mutter stört vielmehr das Sitzen vor dem Computer, sie möchte, dass ihr Sohn sich bewegt.

6 Zeile 52–54: Computerspiele … Jugendliche.
Zeile 57–61: Zudem … Interaktion.
Zeile 72–83: Was … könnten.
Zeile 90–93: Das Handy … Inklusionsmedium.
Zeile 108–113: Wir nennen … einnimmt.
Zeile 114–124: Im Jugendalter … ausgeführt.

Seite 16

❼

Ärger haben Jugendliche vorwiegend wegen der Nutzungsdauer von Medien

Eltern sorgen sich um die Entwicklung ihrer Kinder

Kinder unter acht Jahren können nicht zwischen Fiktion und Wirklichkeit unterscheiden – Computerspiele sollten hier verboten werden

Befürchtung: Jugendliche vernachlässigen soziale Kontakte durch Smartphones

Immer Ärger mit dem Handy – Warum ist das Handy so wichtig?

Idee: verbindliche Zeiten für Mediennutzung vereinbaren: das ist für Eltern und Kinder erleichternd

Kommunikation über WhatsApp ist anders: Sie kann nicht mitgehört werden und drückt über Smileys viele Emotionen aus

Auch beim Online-Spiel kommuniziert man über Strategien und Ähnliches

Jugendliche genießen den Spaß miteinander beim Online-Spiel

❶ *So könnte deine Lösung aussehen:*
Immer Ärger mit dem Handy?!
Hilflose Eltern suchen Rat bei Experten, weil ihre Kindert ständig vor digitalen Bildschirmen sitzen. Das Smartphone ist ein Dauerbrenner am Familientisch.
Eltern wünschen sich natürlich eine gute Entwicklung ihrer Kinder und sehen diese in Gefahr. Experten raten dazu, Kindern unter acht Jahren die Computerspiele zu verbieten, da sie die Unterscheidung von Realität und Fiktion nicht leisten können. Außerdem sollten feste Regeln innerhalb der Familie aufgestellt werden, damit Verlässlichkeit und Vertrauen aufgebaut werden können.
Aus der Sicht von Jugendlichen ist das nachvollziehbar, bei kleinen Kindern sollten Eltern aber überlegen, ob ihre Kinder für die entsprechenden Spiele reif genug sind, und die Kinder nicht einfach sich selbst überlassen, denn Kinder entwickeln sich unterschiedlich. Auch für Jugendliche ist es weniger stressig, wenn getroffene Absprachen gelten, nichts nervt mehr, als wenn es scheinbar nach der Laune der Eltern geht, ob jetzt gerade gespielt werden darf oder nicht.
Ein weiterer Vorwurf lautet, dass Jugendliche einfach zu viel Zeit vor dem Smartphone verbringen, anstatt soziale Kontakte zu pflegen und sich zu treffen. Andererseits kommuniziert man ständig am Computer, bespricht zum Beispiel Strategien beim Online-Spiel.
Für Jugendliche ist es normal, sich jederzeit beispielsweise über WhatsApp auszutauschen und darüber engen Kontakt mit den Freunden zu haben, auch wenn sie gerade nicht in der Nähe sind. Man kann Gespräche auch geheim führen, da keiner mithören kann, und über Smileys die aktuelle Gefühlslage bekunden, das ist so, als würde man mit seiner Freundin Händchen halten. Dies ist für Jugendliche in der Pubertät sehr wichtig und soziale Nähe war früher in dieser Form überhaupt nicht möglich.
Wenn Eltern mit den Jugendlichen gemeinsam Regeln für die Nutzung und bestimmte Zeiten in Abhängigkeit vom Alter des Kindes aushandeln, ließe sich der Ärger mit dem Handy in der Familie bestimmt begrenzen. So könnten beide Seiten von der Diskussion profitieren.

Seite 17

❶ **a)** Aussagen a, c, f: pro; Aussagen b, d, e: kontra

b) *Individuelle Lösungen*

Seite 18

❷ *Individuelle Lösungen*

❸ *Individuelle Lösungen*

❶ a) und b)

Hauptteil A
Pro-Argument 1
Behauptung: Der Traum vom eigenen Piercing kann schnell zum Albtraum werden,
Begründung: **denn** Piercing-Angebote auf Partys oder in Hinterzimmern von Diskos erfüllen die Hygieneanforderungen oft nicht. So können …
Beispiel: Krankenkassen registrieren z. B. immer wieder Piercingfälle, bei denen teure und schmerzhafte Nachbehandlungen notwendig wurden.

Pro-Argument 2
Behauptung: Jugendliche achten in der Regel beim Piercen in erster Linie auf den Preis, sodass für den Körperschmuck häufig minderwertige Metalle verwendet werden. Das kann sehr gefährlich werden,
Begründung: **weil** dadurch Allergien und Entzündungen ausgelöst werden können.
Beispiel: Werden beispielsweise beim Zungenpiercing unedle Metalle verwendet, kann dies sogar den Zahnschmelz zerstören.

Hauptteil B

Kontra-Argument 1
Behauptung: Da Piercings nicht nur schön sind, sondern auch viel Geld kosten, bevorzugen viele Leute preiswerte Piercingangebote. Billig ist jedoch nicht immer auch gut,
Begründung: **denn** oft sparen diejenigen, die Piercing besonders preiswert anbieten, auch beim Schmuck. ... In guten Piercingstudios erhält man eine umfassende Beratung über die verschiedenen Metalle. Das ist sehr wichtig, **weil** nur gute Qualität des Schmucks garantiert, dass das Piercing auf Dauer nicht schadet.
Beispiel: Was nützt es, wenn ein Piercing billig ist, aber die Haut rot anschwillt und schmerzt? Beispiele für die Folgen der Verwendung billiger Metalle findet man auf der Homepage vieler Hautärzte.
Kontra-Argument 2
Behauptung: Piercing ist ungefährlich, wenn es in einem perfekten Piercingstudio ausgeführt wird. Ein Gesundheitsrisiko ist dann nahezu ausgeschlossen,
Begründung: **denn** ein Piercingstudio hat Ähnlichkeit mit einer Arztpraxis, dort ist Hygiene selbstverständlich ...
Beispiel: In meinem Freundeskreis gibt es schließlich eine Reihe von Mädchen und Jungen, die in einem Studio gepierct wurden und keinerlei Probleme damit haben.

Seite 20

2 1. Einleitung
   2. Hauptteil
      2.1 Pro
      2.1.1 Erstes Argument: *Piercing-Angebote auf Partys oder in Hinterzimmern von Diskos erfüllen die Hygieneanforderungen oft nicht.*
      2.1.2 Zweites Argument: *Durch minderwertige Metalle können Allergien und Entzündungen entstehen.*
      2.2 Kontra
      2.2.1 Erstes Argument: *Eine gute Qualität des Schmucks garantiert, dass das Piercing auf Dauer nicht schadet.*

2.2.2 Zweites Argument: *Ein Piercingstudio hat Ähnlichkeit mit einer Arztpraxis, dort ist Hygiene selbstverständlich, sodass ein Gesundheitsrisiko nahezu ausgeschlossen ist.*
   3. Schluss (persönliche Stellungnahme)

Seite 21

3 *So könnte deine Lösung aussehen:*
Der Schreiber der Mustererörterung zum Thema „Piercingverbot – ja oder nein?" ist gegen ein generelles Piercingverbot. Dies sagt er deutlich am Ende der Stellungnahme. Man kann es jedoch auch daran sehen, dass er seine Erörterung mit der Gegenmeinung beginnt und die Argumente für seinen Standpunkt zum Schluss nennt.

1 a) *So könnte deine Lösung aussehen:*
Schlüsselbegriffe: Ozean, Plastikmüll, Wasser, Gefahr, (Mikro-)Partikel, Giftstoffe, Nahrungskette, Verschmutzung, Müllstrudel, Müllteppich, gesundheitliche Bedrohung, ökonomische Folgen, wirtschaftliche Schäden, globales Problem, strenger Maßnahmenkatalog

Seite 23

1 b) *So könnte deine Lösung aussehen:*
In dem vorliegenden Sachtext „Unsere Ozeane versinken im Plastikmüll" von Stephanie Probst geht es um die Verschmutzung der Meere mit Plastikmüll und deren Folgen für Tier und Mensch.

2 *Individuelle Lösungen*

3 a) und b)

Abs.	Zeilen	B.	Inhalt
1	8–29	d)	Es vergehen 350 bis 400 Jahre, bis Plastik sich völlig zersetzt.
2	30–77	c)	Tiere verwechseln Kunststoffteile mit Nahrung und ersticken daran, erleiden tödliche Verstopfungen oder verhungern mit vollem Magen.
3	78–108	b)	Mittlerweile gibt es in allen Ozeanen und Weltmeeren gigantische Müllstrudel. Sie sind der oberfläche sichtbare Kunststoffmüll. 70 % des Kunststoffmülls sinken auf den Grund.
4	109–128	e)	Die unbewohnte Insel Mellum vor Wilhelmshaven ist Indikator für die Verschmutzung der Nordsee

5	129–141	a)	Neben den gesundheitlichen Folgen führen die Säuberung der Strände vom Müll, Schäden in Kraftwerken bei der Kühlwasseraufnahme, verschmutztes Weideland in Küstennähe u.v.m. zu erheblichen wirtschaftlichen Kosten durch die Verschmutzung der Meere.
6	142–154	f)	Wirtschaft, Industrie, Bürger und Politik müssen regional und international die Verschmutzung der Weltmeere bekämpfen und dabei zusammenarbeiten.

Seite 24

4 a) fast 7 Millionen Tonnen pro Jahr
b) 350-400 Jahre

5 a) Partikel werden mit Plankton verwechselt und Giftstoffe wie Weichmacher reichern sich im Plankton selbst an.
b) Giftstoffe gelangen über die Nahrungskette auch in den menschlichen Organismus, sie können dort hormonell wirken oder krebsauslösend sein.

Seite 25

6 a) Weichmacher, Flammschutzmittel
b) Auslösen von Krebserkrankungen / hormonelle Störungen; Beeinträchtigung der Fruchtbarkeit

7 *So könnte deine Lösung aussehen:*

	Folgen
Ernährung	Die Tiere verenden trotz voller Mägen / erleiden tödliche Verstopfungen / Die Tiere ersticken an zu großen Kunststoffteilen.
Mobilität	Schildkröten verfangen sich in Six-Pack-Haltern, ihr Panzer wird so eingezwängt, dass sie in ihrer Bewegung eingeschränkt werden.

8 richtig: a, b, d, e; falsch: c

9 a) Schifffahrt: Müll verfängt sich in Schiffsschrauben und Fischernetzen
b) Tourismus: Touristen bleiben aus, Strände müssen kostspielig gesäubert werden
c) Landwirtschaft: Weideflächen in Küstennähe werden verschmutzt, Gefahr für das Vieh durch Verschlucken, Kosten der Säuberung

10 *Behauptung:* Plastik vergeht nicht,
Begründung: weil es 350–400 Jahre dauert, bis es zersetzt ist.
Beispiel: Müllstrudel im Nordpazifik wächst seit Jahrzehnten.

Behauptung: Meerestiere und Vögel sterben,
Begründung: denn sie verwechseln Plastik mit Futter,
Beispiel: ein anerkannter Nachweis ist der Mageninhalt von Eissturmvögeln.

Behauptung: Die EU hat vorgeschrieben, den Verbrauch von Einwegtüten zu reduzieren,
Begründung: da Plastikmüll reduziert werden muss,
Beispiel: in Deutschland gibt es Einwegtüten in vielen Geschäften nur noch gegen eine Gebühr.

1 *So könnte deine Lösung aussehen:*
Wir müssen handeln: Plastikfrei – wir sind dabei
Wir, die Schülerredaktion, sind durch die Reportage „Unsere Ozeane versinken im Plastikmüll" von Stephanie Probst auf die Verschmutzung der Meere mit Plastikmüll und deren Folgen für Tier und Mensch aufmerksam geworden.
Meerestiere und Vögel sterben, weil sie Futter mit Plastik verwechseln oder sich darin verfangen. Es gibt einen anerkannten Nachweis für die Meeresverschmutzung, man untersucht den Mageninhalt von Eissturmvögeln nach deren Verenden, da diese Vögel nur Futter aus dem Meer aufnehmen. So fanden Forscher bei 93 % der Eissturmvögel Plastikteile im Magen. Auch die Lederschildkröte verwechselt schwimmende Plastiktüten mit ihrer Nahrung, den Quallen.
Auch die menschliche Gesundheit wird durch den Plastikmüll gefährdet, da im Plastik Weichmacher und Giftstoffe enthalten sind, die krebserregend sind oder wie Hormone wirken. Die Giftstoffe reichern sich über die Nahrungskette im menschlichen Organismus an.
Plastik vergeht nicht, es dauert 350–400 Jahre, bis es zersetzt ist. Es zerfällt in immer kleinere Teilchen, diese Mikropartikel werden sogar in Muscheln gefunden, die das Wasser filtrieren. Auffällig ist ebenfalls, dass man seit Jahrzehnten zunehmend wachsende Müllstrudel in den Ozeanen, wie den „Great Pacific Garbage Patch" im Nordpazifik, aus dem Weltraum beobachten kann.
Aber auch Tourismusgebiete sind bedroht, weil die Touristen ausbleiben, wenn die Strände mit Plastikmüll verdreckt sind. Dadurch entstehen für die Regionen hohe Kosten, wenn sie dauernd die Strände reinigen lassen.

Auch an anderer Stelle richtet der Plastikmüll wirtschaftlichen Schaden an, denn der Plastikmüll verfängt sich zum Beispiel in Fischernetzen und Schiffsschrauben; aber auch die Landwirtschaft in Küstennähe leidet unter verschmutztem Weideland. Landwirte müssen den Müll einsammeln, ansonsten ist das Vieh durch Verschlucken von Plastik gefährdet.

Plastikmüll muss also reduziert werden, deshalb hat die EU vorgeschrieben, den Verbrauch von Einwegtüten bis zum Jahr 2015 auf 40 Tüten pro Kopf zu reduzieren. In Deutschland gibt es Einwegtüten in vielen Geschäften nur noch gegen eine Gebühr.

Müll kann außerdem durch bewussten Umgang vermieden werden, eine Plastiktüte mehrfach zu benutzen ist kein Verlust von Bequemlichkeit, man kann seine Tüte bereits zum Einkaufen mitbringen. Dagegen ist der generelle Verzicht auf Plastik nicht so leicht zu schaffen.

Unsere Redaktion findet, dass man die Menschen auf das Thema aufmerksam machen muss. Wir planen mit der Schülervertretung und der Schulleitung eine Projektwoche zum Thema „Plastikmüll – wir wollen handeln" mit verschiedenen Themenschwerpunkten, z. B. *Einkaufen ohne Plastiktüten, Möglichkeiten, auf Plastik zu verzichten* oder *Alternativen zum Plastik*.

Meldet euch, wenn ihr in der Planungsgruppe mitmachen wollt oder weitere Ideen habt!
Eure Schülerredaktion

Seite 27

2 *Unter extrem gefährlichen Bedingungen flüchten* afrikanische Flüchtlinge von der nordafrikanischen Küste aus über den Atlantik oder über das Mittelmeer in der Hoffnung auf ein besseres Leben in der EU.

Wenn die Flüchtlinge es bis Europa schaffen, erwartet sie das Asylverfahren und eine monatelange Ungewissheit. Teilweise müssen sie sogar jahrelang dahinvegetieren unter mancherorts kaum zumutbaren Lebensbedingungen.

Seite 28

3 Europaflagge, EU, Grenzmauer, Draht, Flüchtling, kniend, keine Schuhe, erschöpfte Körperhaltung, ausgestreckter Arm Richtung Europaflagge, gesenkter Kopf

Seite 29

4 *So könnte deine Lösung aussehen:*
In der Karikatur sieht man im Vordergrund einen Flüchtling, der mit gesenktem Kopf und mit abgestütztem rechten Arm auf dem Boden kniet. Den linken Arm hält er in Richtung der europäischen Flagge. Er trägt keine Schuhe. Vor ihm ist eine Grenzmauer. Auf der Grenzmauer ist ein Grenzzaun aus spitzem Draht zu erkennen. Dahinter befindet sich die europäische Flagge.

5 und **6** *(Markierung = Hauptaussage)*
Die Karikatur sagt aus, dass Flüchtlinge in der EU nicht willkommen sind. Die EU wird durch die Europaflagge symbolisiert, die hinter einer stark gesicherten Mauer weht. Die Mauer ist unüberwindbar hoch und mit Stacheldraht nochmals gesichert. Der Draht wirkt wie eine Waffe. Wer die Mauer versucht zu überwinden, kann dadurch verletzt werden. Sie ist eine Bedrohung für die Flüchtlinge, die in die EU wollen.

Der Flüchtling, der kriechend gezeichnet ist, sieht aus, als würde er nach einer langen Flucht an der Grenzmauer ankommen und verzweifelt und erschöpft vor der Mauer niederknien. Der ausgestreckte Arm in Richtung der europäischen Flagge erweckt den Anschein, als würde er etwas ganz Konkretes sagen wollen: Beispielsweise, dass er von der EU aufgenommen werden will.

Der Zeichner will also zum Ausdruck bringen, dass sich die EU von den Flüchtlingen zu sehr abschottet. Durch die Grenzmauern und geschlossene Grenzen gibt die EU den Menschen keine Chance auf Hilfe und Sicherheit.

Seite 30

7 *So könnte deine Lösung aussehen:*
Ich stimme mit der Aussage der Karikatur überein, weil sie genau die hilflose Lage der Flüchtlinge beschreibt. Die EU lehnt Flüchtlinge ab und gibt ihnen keine Chance, in die EU zu gelangen. Nach einer anstrengenden Flucht kommen sie an der EU-Grenze an und stehen vor geschlossenen Grenzen oder werden wieder zurück in ihr Land geschickt. Die EU zeigt damit eine unmenschliche Seite und wenig Toleranz.

Seite 31

1 An der Wand Schild für die 19. Klimakonferenz, Mann mit Kopfverband trägt Baseballschläger in der Hand sowie Shirt mit Aufschrift „Taifun-Opfer" in Großbuchstaben, dahinter Eisbär und Pinguine mit Baseballschläger und wütenden, traurigen Blicken vor der Tür, Sprechblase an der Tür mit Fragen: „Wer stört? Was Dringendes?"

❷ In der Karikatur „Gereiztes Klima" sieht man im Vordergrund einen verletzten Mann mit zerrissener Kleidung und einem Baseballschläger in der Hand. Auf dem Hemd des Mannes steht „Taifun-Opfer". Er klopft an die Tür der 19. Klimakonferenz. Hinter der Tür fragt eine Stimme (Sprechblase): „Wer stört? Was Dringendes?"
Hinter dem Mann stehen noch andere Opfer des Klimawandels: Ein Eisbär und zwei Pinguine. Sie sehen wütend aus und haben ebenfalls einen Baseballschläger in der Hand.

Seite 32

❸ In der Konferenz geht es offenbar darum, die Ursachen und Folgen des Klimawandels zu diskutieren, obwohl die Ursachen schon klar sind. Die Opfer, Menschen und Tiere, sind nicht dabei und werden ignoriert. Es wird außerdem deutlich, dass Tiere wie Pinguine und Eisbären ihren Lebensraum durch die Erderwärmung verlieren, auf der Konferenz jedoch keine Rolle spielen. Die verschlossene Tür ist dafür als Symbol zu verstehen.

❹ In der 19. Klimakonferenz geht es nicht an erster Stelle darum, den Opfern des durch die Erderwärmung ausgelösten Taifuns zu helfen. Die Sprechblase „Wer stört? Was Dringendes?" deutet darauf hin, dass sie nicht wirklich wichtig sind. Sonst würden ihre durch den Klimawandel stark veränderten Lebensumstände viel stärker zum Thema der Konferenz werden. Die Menschen werden dazu aufgerufen zu handeln, um den Klimawandel unter Kontrolle zu bekommen. Die Opfer sollten nach Ansicht des Zeichners viel stärker in den Mittelpunkt gestellt werden und das Handeln der Konferenzteilnehmer bestimmen. Sie sollten nicht wie bisher außerhalb der Konferenz und der Beschlüsse stehen.

Seite 36

❶ *So könnte deine Lösung aussehen:*
Zeile 62–66: „Schade, dachte er ..." (Gedanken)
Zeile 76–88: „Sie erinnerte sich, dass sie ..." (Erinnerungen)
Zeile 133–140: „Jetzt müsste ich ihm eigentlich sagen, ..." (Gedanken)

❷ *So könnte deine Lösung aussehen:*
Der auktoriale Erzähler kann die Gedanken und Gefühle von allen Personen beschreiben. Durch den Erzähler erfährt der Leser, dass Erich und Renate „Masken" tragen. Der Leser lernt die Personen von „innen" und von „außen" kennen.

Seite 37

❶ *Autor:* Max von der Grün
Titel: Masken
Textgattung: Kurzgeschichte
Hauptpersonen: Renate und Erich

❷ *Wo spielt die Handlung?* Kölner Hauptbahnhof, Café
Wann geschieht es? Julivormittag, 15 Jahre nach der Trennung; im weiteren Laufe des Tages bis 15 Uhr
Wer ist beteiligt? Renate und Erich
Was geschieht? Wiedersehen nach fünfzehn Jahren, ehemaliges Paar, unehrliches Gespräch, gaukeln einander eine erfolgreiche Karriere vor, gestehen sich in Gedanken noch Liebe zum anderen ein, äußern die Gedanken aber nicht. Ihre Wege trennen sich, beide empfinden Reue.

❸ Die Was-Frage. Sie beinhaltet das eigentliche Geschehen. Die Namen der Personen, der Ort und die Zeit könnten auch andere sein. Wesentlich ist, dass zwei Menschen aus Angst lügen und nicht das sagen, was sie denken. Sie verstecken sich im übertragenen Sinn hinter Masken. Dadurch verpassen sie eine Chance und bereuen es. Diesen Zusammenhang und die Bedeutung des Titels der Kurzgeschichte erfährt man nur durch die Was-Frage.

❹ *So konnte deine Lösung aussehen:*
In der Kurzgeschichte „Masken" von Max von der Grün geht es um zwei Menschen, die vor 15 Jahren im Streit auseinandergegangen sind und sich zufällig auf dem Kölner Bahnhof wieder begegnen. Obwohl Erich und Renate sich noch immer lieben, täuschen sie sich gegenseitig über ihre berufliche Karriere sowie ihre wahren Gefühle füreinander. Sie tragen in einem übertragenen Sinne Masken.

Seite 38

❶ *So könnte deine Lösung aussehen:*
- Renate und Erich gehen ins Café.
- Renate gibt sich als Leiterin eines Textilkaufhauses aus.
- Erich würde sie gerne fragen, ob sie ihn noch haben wolle, ist aber von ihrer beruflichen Position beeindruckt.
- Er behauptet, er sei Einkaufsleiter einer Werft.
- Renate und Erich sind immer noch ineinander verliebt, reden aber über belanglose Themen.
- Erich bringt Renate wieder zum Zug.
- Beide denken, dass sie dem anderen ihre Liebe gestehen sollten, trauen sich aber nicht.
- Es stellt sich heraus, dass Renate Verkäuferin und Erich Kranführer ist.

- Beide bedauern, dass sie sich ihre Liebe nicht gestanden haben, und begründen das mit der gehobenen Position des anderen.

❷
- Er sagt, er habe ihr einen halben Tag gestohlen, und wagt nicht, sie anzusehen.
- Sie sagt, sie mache das auch immer so.
- Sie sagt, da hätten sie ja beide Glück gehabt.

Seite 39

❶ *So könnte deine Lösung aussehen:*
Zeile 120: „Jetzt müsste ich ihr sagen …“
Zeile 133: „Jetzt müsste ich ihm eigentlich sagen, …“
Zeile 212: „Ich hätte ihm das sagen sollen“.

❷ *So könnte deine Lösung aussehen:*
Die Wortwiederholungen betonen einen Sachverhalt besonders. Hier unterstreichen sie den dringenden Wunsch der beiden, ehrlich zueinander zu sein.

❸ *So könnte deine Lösung aussehen:*
- „Jetzt haben wir es geschafft.“
Die Aussage unterstreicht die Maskerade. Mit dem Satz beteuern beide, dass sie oben an der Karriereleiter angekommen sind. Damit stellen sie ihr altes Problem, das zum Streit führte, als gelöst dar. Der alte Anspruch von Renate, dass etwas aus Erich werden solle, ist erfüllt. Gleichzeitig gibt Renate sich keine Blöße, dass sie ihrem eigenen Anspruch nicht genügt. Die Aussage signalisiert, dass beide es geschafft haben, ihren alten Streit hinter sich zu lassen.
- „Warum nur sagt sie kein Wort?“
Jetzt, da alle Hindernisse aus dem Weg geräumt sind und man noch Liebe füreinander empfindet, versteht Erich nicht, warum Renate ihre Liebe nicht offen gesteht.

Seite 40

❶ a) *So könnte deine Lösung aussehen:*

Erich:	Gedanken: Z. 62–66 (Schade … damals) / Gesagtes: Z. 67–73 (Ich? … nicht)
Renate:	Gesagtes: Z. 90 (Dann … gehabt) / Gedanken: Z. 91–97 (… und dachte … aber jetzt?)
Erich:	Gesagtes: Z. 115–120 (Weißt du … haben) / Gedanken: Z. 120–130 (Jetzt … glauben)
Renate:	Gesagtes: Z. 131 (Wem sagst du das?) / Gedanken: Z. 133–140 (Jetzt … geworden)
Erich:	Gedachtes: Z. 193–194 (Wie schön … Wort) / Gesagtes: Z. 195–196 (Danke … Wetter)

b) *So könnte deine Lösung aussehen:*
Renate ist verlegen, als Erich ihr zu ihrem vermeintlichen beruflichen Erfolg gratuliert (Z. 55–56). Beide empfinden Reue, dem anderen nicht ihre Liebe gestanden zu haben, entschuldigen jedoch ihr Verhalten vor sich selbst (Z. 206–Z. 219; Z. 231–236).

c) *So könnte deine Lösung aussehen:*
Z. 6–7 (Als Schutzmaske … dienen), Z. 18–21 (… so kann … Rollen)

d) *So könnte deine Lösung aussehen:*
Renate und Erich tragen keine wirklichen Masken, sondern ihre Masken bestehen aus den vorgetäuschten Karrieren, die beide nicht gemacht haben. Da beide Angst vor der Reaktion des anderen haben, wenn er erfährt, dass man nicht Karriere gemacht hat, erfüllen ihre Masken, d. h. ihre Lügen, eine Schutzfunktion. Beide verwandeln sich gewissermaßen in eine andere Person, doch gerade dadurch können sie sich nicht näherkommen.

Seite 41

❷ a) In der Kurzgeschichte „Masken" von Max von der Grün geht es um das zufällige Wiedersehen von Erich und Renate auf dem Kölner Hauptbahnhof. Vor 15 Jahren waren die beiden ein Paar. Sie nehmen sich Zeit für ein Gespräch in einem Café, machen sich jedoch gegenseitig etwas vor: Erich, der als Kranführer arbeitet, berichtet von einer Karriere als Einkaufseiter einer Hamburger Werft. Renate, die einfache Verkäuferin, gibt sich als Leiterin eines Textilversandhauses aus. In diesem Sinne tragen beide Masken, denn ihre beruflichen Erfolge sind erfunden, um den ehemaligen Partner zu beeindrucken. Diese „Maske", die sie sich im übertragenen Sinne aufsetzen, hat gewissermaßen eine Schutzfunktion, denn beide befürchten eine negative Reaktion des anderen, wenn sie ihr wahres Gesicht bzw. Ich zeigen. Zwischen beiden steht die Angst, es in den Augen des anderen nicht geschafft zu haben und minderwertig zu sein. Stattdessen nutzen Erich und Renate ihre Maske, um sich damit in eine andere Figur zu verwandeln. Da der Grund für die damalige Trennung die eigenen Ansprüche an den beruflichen Erfolg des anderen waren, geben sie vor, diese Ansprüche nun zu erfüllen. Sie finden jedoch im Gespräch nicht zueinander, obwohl zwischen den Zeilen spürbar ist, dass sie sich immer noch lieben.

b) *So könnte deine Lösung aussehen:*
Der Text erfüllt die Wettbewerbsvoraussetzungen, da er eindeutig zahlreiche Kennzeichen einer Kurzgeschichte aufweist. Das zeigen die folgenden Merkmale:
Der Text hat eine überschaubare Länge von gut zwei Seiten. Sein Anfang ist offen, da die Geschichte unvermittelt mitten in der Handlung mit dem Satz: *„Sie fielen sich unsanft auf dem Bahnsteig 3a des Kölner Hauptbahnhofs in die Arme …"* beginnt. Ihr Ende bleibt halb offen: Renate fährt zwar im Zug ab, aber der Leser erfährt nicht, ob sie doch noch nacheinander suchen und zueinander finden.
Die Kurzgeschichte handelt von alltäglichen Themen mit Allgemeingültigkeit: Zufälliges Wiedersehen, Beziehungskonflikt. So sind auch Renate und Erich alltägliche, gewöhnliche, durchschnittliche Menschen. Das sieht man an den Vornamen und tatsächlichen Berufen. Ort, Zeit und Personen werden sehr knapp beschrieben: Über Erich und Renate erfährt man das, was zum Verstehen des Textes notwendig ist. In der Geschichte wird ein beschränkter Zeitraum von wenigen Stunden erzählt, nämlich die Zeit zwischen dem zufälligen Wiedersehen und der Abfahrt des Zuges.

Seite 42

c) Zusammenfassend lässt sich sagen, dass es in dieser Geschichte darum geht, dass zwei Menschen nach einer langen Trennung nicht zueinanderfinden können, weil sie Masken tragen und sich gegenseitig etwas vormachen. Sie sind nicht aufrichtig, obwohl sie füreinander noch Interesse und Zuneigung empfinden. Renate beginnt damit, sich in diesem Sinne eine Maske aufzusetzen. Sie macht Erich vor, dass sie ein Versandhaus leitet. Das blockiert bei Erich die für den möglichen Neubeginn einer Beziehung notwendige Offenheit. Auch er macht ihr als Einkaufsleiter etwas vor, was er gar nicht ist.
Renate liebt Erich immer noch. Das zeigt besonders dieses Zitat: „Jetzt müsste ich ihm eigentlich sagen, dass er der einzige Mann ist, dem ich blind folgen würde …" Und auch er hätte ihr kurz vorher am liebsten gesagt, dass er sie noch immer liebt (Z. 120–123) – unterlässt es jedoch.

d) Ich finde, dass das Thema gut dargestellt worden ist und immer aktuell sein wird. Schon deshalb eignet sich die Kurzgeschichte „Masken" gut für die Sammlung. Neben der Handlungsebene, die wiedergibt, was passiert, erfährt der Leser auf einer zweiten Ebene, was die beiden Hauptfiguren voneinander denken und füreinander fühlen. Das ist aus meiner Sicht sehr gut gemacht, denn dadurch wird deutlich, dass sich sowohl Erich als auch Renate ein vollkommen falsches Bild von dem anderen machen. Das sind die Masken, die sie die ganze Zeit tragen und nicht absetzen können. Die Dialoge sind dagegen kurz und knapp, so als würde beide vermeiden wollen, dem anderen etwas aus dem wahren Leben zu verraten.
Die Botschaft des Textes ist noch immer sehr aktuell und zeitlos, da Menschen immer wieder der Gefahr unterliegen, den Wert eines anderen Menschen an seinen äußeren Erfolgen, zum Beispiel wie in dieser Geschichte dem beruflichen Aufstieg, zu messen. Im Umkehrschluss lässt sich sagen, dass Erich und Renate sich im Gespräch nicht trauen, die Wahrheit über ihr Dasein zu erzählen, da sie von gegenseitig hohen Erwartungen ausgehen, die sie nicht erfüllen können. Offenheit, Ehrlichkeit, Wahrhaftigkeit, das führt die Kurzgeschichte „Masken" eindeutig vor Augen, sind die Voraussetzung dafür, eine stabile Beziehung aufzubauen.

Seite 43

❶ *Individuelle Lösungen*

❷ *Individuelle Lösungen*

❸ *Wer:* der Busfahrer, die Frau
Wann: an jedem Arbeitstag
Wo: im Bus
Was: Busfahrer hat sich in eine Mitfahrende verliebt

Seite 44

❹ *So könnte deine Lösung aussehen:*
„Wenn Platz war, saß sie immer so, dass sie im Rückspiegel sehen konnte." (Z. 2–4)
„Er konnte an ihrem Gesicht ablesen, ob es ihr gut ging." (Z. 5–6)

❺ *So könnte deine Lösung aussehen:*
„Einmal hatte sie die Haare aufgesteckt, es stand ihr nicht und jemand musste es ihr gesagt haben …" (Z. 9–11)
„Sie war ihm sehr vertraut und er hätte sie gerne angesprochen, aber er wagte es nicht." (Z. 12–14)
„Vielleicht, dass sie die Arbeitsstelle wechselte." (Z. 15–16)

❻ *So könnte deine Lösung aussehen:*
Die Autorin erreicht damit einerseits, dass die Begegnung zwischen dem Busfahrer und der Frau sehr oberflächlich wirkt. Der Unterschied zwischen

der Wahrnehmung des Busfahrers und der tatsächlichen Situation wird dadurch betont. Andererseits zeigt die Autorin dadurch, dass es ihr nicht um individuelle Einzelschicksale geht, sondern um eine allgemeingültige zwischenmenschliche Situation.

Seite 45

2 *So könnte deine Lösung aussehen:*
- unerklärlicher Zustand
- kein Verständnis
- etwas Schlimmes/Sonderbares
- bemitleidenswerte Situation

Seite 46

3 *So könnte deine Lösung aussehen:*
- man lernt, allein zu sein
- Chance, etwas über sich selbst zu erfahren
- Leben so planen, wie man möchte (z. B. spontan verreisen)
- unabhängig sein

4 *So könnte deine Lösung aussehen:*
Die Verfasserin des Essays kritisiert, dass der Begriff „Single" im Grunde nichts aussagt. Er informiert lediglich darüber, dass man allein lebt und keine Beziehung hat. Die Verfasserin weist darauf hin, dass der Begriff nichts darüber aussagt, was der so bezeichnete Mensch tut oder fühlt. Schließlich kann jeder „Single" sein, ob Bauarbeiter oder Bundeskanzler.

5 *So könnte deine Lösung aussehen:*
Mit der Aussage „Unser öffentliches Umfeld inszeniert die Zweierbeziehung" meint die Verfasserin, dass die Öffentlichkeit die Zweierbeziehung als Ideal darstellt. Besonders werden dabei das Glück und die Idylle in der Partnerschaft inszeniert. Dass auch das Leben in einer Partnerschaft nicht immer glücklich sein muss, da es auch Streit oder Missverständnisse geben kann, wird einfach ausgeblendet.

6 *So könnte deine Lösung aussehen:*
Mit dem Titel „Die Wellenmacher" bezieht sich die Verfasserin darauf, wie das Singlesein von der Öffentlichkeit dramatisiert wird. Die Verfasserin hat den Titel des Essays vermutlich von dem Ausdruck „eine Welle machen" abgeleitet, der so viel bedeutet wie „sich sehr über etwas aufregen, obwohl eigentlich gar kein großes Problem besteht". Die Wellenmacher in der Gesellschaft betrachten das Singlesein als etwas höchst Problematisches, während es im Grunde kein Problem sein muss.

1 **a) – d)** *So könnte deine Lösung aussehen:*
Sowohl im Text von Pea Fröhlich als auch in dem von Lovis Rieger geht es um Menschen, die nicht in einer Beziehung leben und mit ihrem Singledasein umgehen müssen. Während Pea Fröhlich die Situation eines Singles negativ darstellt und die unerwiderte Liebe eines Busfahrers beschreibt, wählt Lovis Rieger eine eher kritische Sichtweise und erläutert die Vor- und Nachteile eines Singlelebens.

In der Geschichte von Pea Fröhlich wünscht sich ein Busfahrer eine Beziehung mit einer Frau, die er zwar jeden Tag sieht, aber eigentlich nicht kennt. Er bildet sich einzig auf der Basis von Beobachtungen eine Meinung von der Mitfahrenden und glaubt, eine Menge über sie zu wissen. Er traut sich jedoch nicht, das vorgefertigte Bild zu überprüfen und die Fremde anzusprechen (Vgl. Z. 12–14). Die Angst vor einer Enttäuschung ist vermutlich zu groß. Allerdings verpasst er damit seine Chance und wird schließlich umso mehr enttäuscht, als sich herausstellt, dass die Mitfahrende bereits einen Partner hat.

Die Verfasserin des Essays hinterfragt das Singlesein kritisch. So weist sie beispielsweise darauf hin, dass viele Singles an sich selbst zweifeln (vgl. Z. 37 f.). Damit spielt die Verfasserin auf das Gefühl vieler Singles an, selbst an ihrer Situation schuld zu sein und z. B. nicht zu einer Beziehung fähig zu sein oder nicht interessant genug zu sein. In einer Beziehung seien solche Selbstzweifel viel seltener, allein schon deshalb, weil man nicht ständig mit sich selbst konfrontiert sei (vgl. Z. 32 ff.). Außerdem gibt die Verfasserin zu bedenken, dass die Vorteile des Singlelebens letztendlich nicht über den Wunsch nach „Vertrauen, Zärtlichkeit, Wärme und Liebe" (Z. 39–40) hinwegtäuschen könnten. Neben dieser Sehnsucht nach Geborgenheit sei es die Gesellschaft, die dem Single das Leben schwermachen kann. Dem Single begegne man mit Mitleid oder Unverständnis. Wenn ein Single etwa allein auf eine Party geht, sei er bloß „betrübtes Freiwild, ein Sonderling, dem geholfen werden muss" (Z. 30–31).

Ich finde, dass Lovis Rieger Recht damit hat, dass ein Single das Leben genießen sollte und die Vorteile, die seine Situation bietet, für sich nutzen sollte. Man kann Entscheidungen eigenständig und unabhängig treffen, ohne möglicherweise dem Partner vor den Kopf zu stoßen, weil man sich z. B. vorher nicht richtig abgesprochen hat. Außerdem muss man bei der Planung des Tages keine Rücksicht auf jemanden nehmen, sondern kann sich die Zeit so einteilen, wie man möchte. Dies ist jedoch nur die eine Seite des Singlelebens. Was nützt es z. B., wenn die Freunde, für die man nun so viel Zeit hat, selbst keine Zeit haben, weil sie schon etwas mit ihrem Partner unternehmen wollen? Wem macht es Spaß, immer nur das dritte Rad am Wagen zu sein? Wen verunsichern nicht die mitleidigen Blicke der anderen oder die ständigen Nachfragen zur Singlesituation? Alles in allem denke ich, dass das Leben in einer Beziehung auf Dauer die deutlich angenehmere und schönere Variante ist und viel Halt, Sicherheit und Geborgenheit bietet. Allerdings kann man als Single ebenfalls Spaß haben und glücklich sein. Das sollte auch die Gesellschaft nicht vergessen und mehr Offenheit und Akzeptanz für das Singleleben aufbringen.

Seite 47

1 *So könnte deine Lösung aussehen:*
In dem Gedicht „Zwei Segel" von Conrad Ferdinand Meyer wird beschrieben, wie zwei Segel im Wind aufeinander reagieren.

2 Zwei Segel

3 *So könnte deine Lösung aussehen:*
Die beiden Hauptfiguren, die zwei Segel, sind eng miteinander verbunden und hängen vom Verhalten des jeweils anderen ab. Wenn das eine rasten will, tut dies auch das andere.

Seite 48

1 *So könnte deine Lösung aussehen:*
Die zweite Schülermeinung ist richtig. Der Autor verwendet wiederholt Personifikationen und die beiden Segel verhalten sich, wie man es sich von einer harmonischen Beziehung zwischen Menschen vorstellt.

1 *So könnte deine Lösung aussehen:*
Der Titel verweist auf die Hauptfiguren, die zwei Segel, d. h., schon im Titel wird indirekt auf ein Paar hingewiesen.

2 *So könnte deine Lösung aussehen:*
1. Strophe: Segel erhellen eine Bucht, fliegen langsam.
2. Strophe: Wind kommt auf, ein Segel ist ihm ausgesetzt, das andere spürt das.
3. Strophe: Das eine Segel hat einen Wunsch, das andere entspricht dem Wunsch.

3 Vers 7, Vers 8, Vers 9, Vers 11, Vers 12

Seite 49

4 *So könnte deine Lösung aussehen:*
Die Winde, die das eine Segel wölben und bewegen, können als verschiedene Lebenssituationen verstanden werden, die zwei Partner in einer Beziehung bewältigen müssen.

5 *So könnte deine Lösung aussehen:*
a) ruhige Flucht (V. 4)
b) Die zwei Segel haben es nicht eilig, aber sie brechen woandershin auf, in ein anderes Leben.

6 *So könnte deine Lösung aussehen:*
Zusammenfassend lässt sich sagen, dass sich die anfängliche Vermutung bestätigt hat: Conrad Ferdinand Meyer beschreibt in diesem Gedicht das harmonische Zusammenspiel zweier Personen in ihrer Beziehung und stellt sie dabei als etwas Besonderes dar.

Seite 50

1 Als sie einander acht Jahre kannten
(und man darf sagen: sie kannten sich gut),
kam ihre Liebe plötzlich abhanden.
Wie andern Leuten ein Stock oder Hut.

Sie waren traurig, betrugen sich heiter,
versuchten Küsse, als ob nichts sei,
und sahen sich an und wussten nicht weiter.
Da weinte sie schließlich. Und er stand dabei.

Vom Fenster aus konnte man Schiffen winken.
Er sagte, es wäre schon Viertel nach vier
und Zeit, irgendwo Kaffee zu trinken.
Nebenan übte ein Mensch Klavier.

Sie gingen ins kleinste Café am Ort
und rührten in ihren Tassen.
Am Abend saßen sie immer noch dort.
Sie saßen allein und sie sprachen kein Wort
und konnten es einfach nicht fassen.

2 *So könnte deine Lösung aussehen:*
Strophe 1: Pärchen lebt sich auseinander
Strophe 2: Versuchen, ihre Gefühle zu überspielen
Strophe 3: Verhalten sich nach Gewohnheit
Strophe 4: Können das Ende der Liebesbeziehung nicht glauben

3 richtig: c, e; falsch: a, b, d, f, g

Seite 51

4 *So könnte deine Lösung aussehen:*
Strophe 2: Sie versuchen, ihre wahren Gefühle zu überspielen, sie haben Angst vor der Reaktion des anderen, sie trauen ihren eigenen Gefühlen nicht recht.

5 richtig: b, d; falsch: a, c

6 richtig: e; falsch: a, b, c, d

1 a) richtig: a, b; falsch: c, d

b) *So könnte deine Lösung aussehen:*
Die Aussagen a) und b) sind einander ähnlich, wobei die Aussage „Eine Liebe geht nach acht Jahren zuende" noch etwas konkreter formuliert ist als die Aussage „Das Gedicht handelt von der Vergänglichkeit der Liebe", die allgemeiner formuliert ist. Beide passen zu dem Gedicht, denn dort heißt es in der ersten Strophe: „Als sie einander acht Jahre kannten [...], kam ihre Liebe abhanden."

Seite 52

❷ *So könnte deine Lösung aussehen:*
Strophe 2, Vers 2: „(Sie) versuchten Küsse, als ob nichts sei"
Strophe 3, Vers 3: „Er sagte, es wäre schon Viertel nach vier / und Zeit, irgendwo Kaffee zu trinken"
Strophe 4, Vers 4: „Am Abend saßen sie immer noch dort."

❸ **a)** richtig: d; falsch: a, b, c

b) Sie gehen ins „kleinste Café am Ort" (V. 13), weil sie allein sein wollen.

❹ *So könnte deine Lösung aussehen:*
Der Mann steht nur dabei und tröstet die Frau nicht oder spricht mit ihr, das zeigt, dass er für sie nichts mehr empfindet.

❺ *So könnte deine Lösung aussehen:*
Die Personen zeigen keine Gefühle füreinander, wie man an der Reaktion des Mannes auf das Weinen der Frau sieht, sie tun so, als ob nichts sei (V. 6), das zeigt, dass sie nur sachlich miteinander umgehen. Mit Romanze ist eine oberflächliche Beziehung gemeint, so wie hier aus einer Liebe vor acht Jahren ein oberflächliches, sachliches Verhältnis geworden ist.

❻ *So könnte deine Lösung aussehen:*
Das lyrische Ich berichtet auktorial, also sachlich, und versteckt sich hinter den Personen „sie" und „er". In Vers 2 meldet sich das lyrische Ich zu Wort, es merkt an, dass die Personen sich gut kannten. Es sieht die Liebesbeziehung ironisch, weil der Verlust der Liebe mit dem Verlieren eines alltäglichen Gegenstandes verglichen wird.

Seite 53

❶ **a)** b: Vergleich

b) Die Wirkung ist ironisch und distanziert, als könnte man ein Gefühl verlieren wie einen alltäglichen Gegenstand.

Seite 54

❷ **a)** b: Vereinzelung

b) *So könnte deine Lösung aussehen:*
Die kurzen, unverbundenen Hauptsätze unterstreichen die sachlich-neutrale Umgangsweise der Personen miteinander, sie wirken kühl und abstrakt. Das Gedicht klingt dadurch teilweise wie ein Bericht und sehr unpersönlich, obwohl es eigentlich um etwas sehr Emotionales geht.

❸ **a)** Antithese; **b)** Parallelismus; **c)** Wiederholung

❹ *So könnte deine Lösung aussehen:*
Die Personen sind sprachlos, sie haben sich nichts mehr zu sagen.

❶ *So könnte deine Lösung aussehen:*

Guten Morgen mein Lieber,

ich habe über den gestrigen Tag und unsere Beziehung nachgedacht. Wir haben uns vor acht Jahren kennen gelernt und uns verliebt. Seitdem sind wir zusammen, aber was ist bloß aus dieser Liebe geworden?
In der letzten Zeit habe ich davon nichts mehr gespürt. Wir haben unsere wahren Gefühle überspielt und so getan, als ob wir lustig wären und als ob nichts wäre, aber eigentlich waren wir traurig. Wir haben uns geküsst, und so getan, als wäre alles in Ordnung. Wir haben aber über unsere Probleme nicht gesprochen, sondern (wenn wir ehrlich sind), haben wir beide nicht mehr weitergewusst, aber gestern habe ich den Zustand nicht mehr ausgehalten und musste weinen.
Du hast nur dagestanden, konntest mich nicht trösten oder in den Arm nehmen. Das hat mir gezeigt, dass ich dir nicht mehr viel bedeute. Du empfindest offensichtlich nicht mehr viel für mich, denn ansonsten hättest du dich irgendwie bemüht.
Auch in das kleine Café sind wir nur aus alter Gewohnheit gegangen, wir haben uns nur angeschwiegen und nichts zu sagen gewusst.
Die letzte Nacht konnte ich nicht schlafen, aber jetzt denke ich, es ist besser, unsere Beziehung zu beenden. Wir müssen uns eingestehen, dass unsere Liebe verloren gegangen ist, und ich halte diese Situation nicht länger aus.

Lass uns heute Abend darüber reden,
deine ...

Seite 57

❷ *Autor:* Jonas Jonasson
Titel: Der Hundertjährige, der aus dem Fenster stieg und verschwand

Textart: Prosa, Romanauszug
Personen: Allan Karlsson, der Hundertjährige, Schwester Alice, die Pflegerin aus dem Altenheim, der Busfahrer, der Schalterbeamte, der junge Mann mit dem Koffer
Thema: Flucht eines Hundertjährigen aus dem Altersheim

Seite 58

3 richtig: a), c); falsch: b), d)

4 *Diese Textstellen können markiert werden:*
Z. 8: „der alte Mann", Z. 13: „just an diesem Tag hundert geworden", Z. 24 „um Hut und Schuhe zu holen" (-> ist ohne Hut und Schuhe unterwegs), Z. 26: „seines Jacketts" (→ trägt ein Jackett), Z. 174: dem alten Mann mit dem großen Koffer ... (→ ist mit großem Koffer unterwegs)

5 *So könnte deine Lösung aussehen:*
An seinem hundertsten Geburtstag stieg Allan Karlsson in Pantoffeln aus dem Fenster seines Zimmers des Altenheims von Malmköping und verschwand. Auf die anstehende Jubelfeier anlässlich seines Geburtstages mit zahlreichen Honoratioren hatte er anscheinend wenig Lust. Stattdessen steuerte er das Reisezentrum von Malmköping an und erkundigte sich nach dem nächsten Bus, wobei ihm eine schnelle Abfahrt wichtiger als das Ziel war.
Zur gleichen Zeit mühte sich im Wartesaal ein junger Mann mit seinem Koffer ab. Es gelang ihm nicht, diesen mit in die enge Toilette zu nehmen. Deshalb bat er den Alten darum, kurz auf sein sperriges Gepäckstück aufzupassen. Nachdem der junge Mann jedoch in der Toilette verschwunden war, fuhr der nächste Bus vor. Diesen bestieg Allan kurzerhand mit dem Koffer und löste eine Fahrkarte bis Byringe Bahnhof. Als der junge Mann aus der Toilette kam, stellte er wütend fest, dass der Alte mit seinem Koffer auf und davon war.

Seite 59

6 *So könnte deine Lösung aussehen:*
Vermisst wird seit heute Mittag der hundertjährige Allan Karlsson aus Malmköping. Zum Zeitpunkt seines Verschwindens trug Allan Karlsson eine braune Hose und ein älteres braunes Jackett. Besonders auffällig ist, dass Allan Karlsson ohne festes Schuhwerk in Hausschuhen unterwegs sein dürfte. Wer Allan Karlsson nach seinem Verschwinden gesehen hat, wird gebeten, mit dem Altenheim in Malmköping oder mit der nächsten Polizeidienststelle Kontakt aufzunehmen.

7 *So könnte deine Lösung aussehen:*
Allan verhält sich dem jungen Mann gegenüber distanziert höflich und hilfsbereit. Dies wird an folgendem Zitat deutlich: „... er störte sich auch nicht an der ungehobelten Art dieses jungen Mannes. Doch empfand er sicherlich auch keine ausgeprägte Sympathie für den betreffenden Jüngling" (Z. 157–161).

8 *So könnte deine Lösung aussehen:*
Dass dem jungen Mann der Koffer besonders wichtig ist, wird beispielsweise daran deutlich, dass er ihn nicht unbeaufsichtigt im Wartessaal stehen lassen möchte: „Anscheinend wollte sich der junge Mann nicht von seinem großen grauen Koffer auf Rollen trennen" (Z. 78 ff.). Auch dass er sich am Schluss „panisch" (Z. 229) im Wartesaal nach seinem Koffer und dem Alten umsieht macht deutlich, dass der Koffer für ihn besonders wertvoll sein muss.

Seite 60

9 In dem Online-Artikel „Das Glück der späten Jahre" geht es um das Thema „Lebenszufriedenheit im Alter" und darum, wie mithilfe von wissenschaftlichen Untersuchungen ermittelt wurde, wovon diese Lebenszufriedenheit abhängt.

Seite 61

10 Zeile 39–41: Eine gute ... Alter.
Zeile 45–46: Wer Ärzte ... zufriedener.

11 Mithilfe von wissenschaftlichen Untersuchungen wie dem Deutschen Alterssurvey wurde festgestellt, dass Lebenszufriedenheit und Altern einander grundsätzlich nicht ausschließen. Viele ältere Menschen sind mit ihrem Dasein sehr zufrieden und glücklich. Voraussetzung dafür sind jedoch auf der einen Seite ein guter Zugang zur medizinischen Versorgung sowie soziale Kontakte. Außerdem gilt, wer finanziell gut dasteht und eine höhere Bildung genossen hat, ist im Alter zufriedener. Ebenfalls sehr bedeutsam für den Grad der Zufriedenheit im Alter ist die Frage, ob alte Menschen noch selbstbestimmt in ihrem privaten Haushalt leben können oder auf eine Heimunterbringung angewiesen sind.

12 a) Innerhalb der Gruppe alter Menschen empfinden pflegebedürftige oder sehr alte Leute eine wesentlich geringere Lebenszufriedenheit als diejenigen Alten, die noch selbstbestimmt in ihren eigenen vier Wänden leben können und nicht auf eine Heimunterbringung angewiesen sind.

Seite 62

b) Allan hat keine Lust auf die Gesellschaft der anderen Bewohner des Altersheims sowie dessen Personal. Vor allem gegen Schwester Alice, die er als „Giftspritze" bezeichnet, scheint er eine Abneigung zu haben (Z. 17 ff.). Sein Verhalten widerspricht somit der These, dass man durch „Ärzte, pflegerische Hilfen und soziale Kontakte in seiner Nähe" in Zufriedenheit altert. Er ist zwar in einem Altersheim untergebracht, zeigt jedoch mit seiner Flucht, dass er nicht pflegebedürftig ist. Von daher könnte diese (unnötige) Unterbringung im Altersheim ein weiterer Grund für seine Flucht sein.

⓫ *So könnte deine Lösung aussehen:*
In Deutschland wird es zukünftig eine stark steigende Zahl pflegebedürftiger Menschen geben. Bis 2050 wird sich ihre Zahl vom Jahr 2010 aus gesehen nahezu verdoppeln. Das bedeutet für den Zusammenhang zwischen der Lebenszufriedenheit alter Leute und ihrer Pflegebedürftigkeit, dass damit zu rechnen ist, dass es auch viel mehr Menschen geben wird, die mit ihrer Situation des Alterns unzufrieden und unglücklich sind. Die Begründung ergibt sich aus den Ergebnissen der in Text 2 beschriebenen Studien, die belegen, dass pflegebedürftige ältere Menschen eine geringere Lebenszufriedenheit haben als selbstbestimmt lebende Alte.

Seite 63

❶ a) – d) *So könnte deine Lösung aussehen:*
Ist das Altern ein Thema zum Weglaufen?
Es ist unvermeidlich: Dass wir alt werden und, wie die Zahlen und Fakten eindrucksvoll belegen, die Gesellschaft immer älter wird. Wer sich mit dem Themengebiet „Altern" beschäftigt, der stößt auf viele Fragestellungen. Sind alte Menschen lebensmüde oder doch ganz zufrieden? Welche Zusammenhänge bestehen zwischen der Lebenszufriedenheit auf der einen Seite und der Pflegbedürftigkeit und der Unterbringung von Alten in Heimen andererseits? Der Romanheld Allan Karlsson stellt sich dieser Frage durch seine Abenteuerlust auf seine Weise: Er verschwindet einfach aus dem Altenheim. Seine Motive sind vermutlich vielfältig und zwischen den Zeilen zu erahnen. In meinem folgenden Text möchte ich diesen Fragen nachgehen und denkbare Antworten beschreiben.

Zwischen der Lebenszufriedenheit auf der einen Seite und dem Altern auf der anderen Seite besteht nach Aussage von verschiedenen Wissenschaftlern ein eindeutiger Zusammenhang. Viele ältere Menschen sind mit ihrem Dasein offenbar sehr zufrieden und glücklich. Dazu müssen jedoch verschiedene Bedingungen erfüllt sein. Pflegebedürftige Menschen sind weniger zufrieden als Ältere, die noch in den eigenen vier Wänden wohnen und von ihrem sozialen Umfeld profitieren. Das lässt den Schluss zu, dass alte Menschen, die gebraucht werden, viel besser klarkommen. Bestes Beispiel ist jene neunzigjährige Frau im Zeitungsartikel, die eine späte Liebe erfährt und trotz ihrer vielen gesundheitlichen Probleme glücklich ist. Eine weitere Voraussetzung dafür ist außerdem ein guter Zugang zur medizinischen Versorgung. Nicht unwichtig ist die materielle Situation: Wer finanziell gut aufgestellt ist und eine höhere Bildung genossen hat, ist im Alter deutlich zufriedener.

Allan Karlsson, der Held aus dem Roman „Der Hundertjährige der aus dem Fenster stieg und verschwand", ist ein unzufriedener Alter, der den Feierlichkeiten zu seinem 100. Geburtstag entflieht. Vielleicht scheut er nur den Rummel und den Menschauflauf, vielleicht hat er jedoch auch andere Motive, die mit dem Begriff „Lebenszufriedenheit" im Zusammenhang stehen. Allan Karlsson ist zwar jemand, der „Ärzte, pflegerische Hilfen" und im Heim ein Zuhause hat, dem aber die sozialen Kontakte und das Gefühl, dort auch gebraucht zu werden, fehlen. Er fühlt sich möglicherweise abgeschoben und eingesperrt im Altenheim von Malmköping. Würde er das nicht so empfinden, hätte sicher nicht durchs Fenster klettern müssen, sondern den regulären Ausgang wählen können. Andererseits verspürt er mit seinen 100 Lebensjahren noch immer so etwas wie Lebens- oder Abenteuerlust. Er zeigt durch seinen Ausbruch, dass er noch Teil einer lebendigen Gesellschaft sein möchte.

Allan Karlsson ist nach meiner Ansicht keineswegs nur ein verwirrter Alter, der in seiner altmodischen Kleidung und mit Pantoffeln an den Füßen wie ein dementer Alter ziellos umherzieht. Genau das unterstellen ihm jedoch Sätze wie dieser, die an seiner Tür gesprochen werden, als sie sich nicht bereitwillig öffnet: „Hören Sie? Sie haben doch nicht schon wieder getrunken, Allan?" Die Dialoge und Einblicke in seine Gedanken zeigen das Gegenteil.
Er genießt beispielsweise in anderen Situationen seiner Flucht im Umgang mit den Personen sogar seine intellektuelle Überlegenheit. Das wird an Textstellen wie diesen deutlich: Der „Jubilar lächelte in sich hinein" (Z. 121) oder „wenn das Leben Überstunden macht, fällt es einem eben leichter, sich gewisse Freiheiten herauszunehmen" (Z. 202 f.). Die Erwartungen der Heimleitung und der Honorationen, geduldig in seinem Zimmer auf die Jubelfeier zu warten, gedenkt er nicht

zu erfüllen, zumal er weiß, dass das Alleinsein in der Heimroutine durch die Geburtstagsfeier nur kurz unterbrochen wird. Das ist für Allan Karlsson möglicherweise der wichtigste Grund zum Weglaufen.

Für mich ist er deshalb keineswegs ein verwirrter alter Trottel, sondern auch jemand, der mit seiner Flucht indirekt auf eines der Kernprobleme der Heimunterbringung hinweist: Auf das Alleinsein unter Menschen. Auf die Einsamkeit in einer trostlosen Umgebung, in der es von anderen Menschen wie Mitbewohnern, Schwestern, Ärzten und sonstigem Personal nur so wimmelt. Zahlreiche wissenschaftliche Studien bestätigen die Annahme, dass Pflegebedürftigkeit mit einer geringeren Lebensqualität und Lebenszufriedenheit verbunden ist. Dafür steht auch Allan Karlsson mit seiner abenteuerlichen Flucht.

3 Prüfungsbeispiele

Prüfungsbeispiel: Hörverstehen

Hörtext 1:

Viola Oehme: Sollte man beim Essen besser den Mund halten? – Von den Gefahren des Sprechens beim Essen

„Beim Essen spricht man nicht!", das haben wir alle irgendwann schon einmal gehört. Besonders oft werden Kinder ermahnt, beim Essen still zu sein. Geht es dabei nur um eine Erziehungsmaßnahme zur Einhaltung althergebrachter Tischsitten? Und warum dürfen sich Erwachsene beim Essen unterhalten? Es ist ja geradezu modern geworden, sich zum Essen zu verabreden, um miteinander zu sprechen: Man trifft sich zu Geschäftsessen, Freunde treffen sich zum Frühstück oder Familien besprechen beim Abendessen den Tag. „Essen macht Freude, vor allem in der Gemeinschaft mit anderen", schreibt der Sprachwissenschaftler Wolfgang Steinig in seinem Buch mit dem Titel *Als die Wörter tanzen lernten*. „Und miteinander zu sprechen", heißt es bei Steinig weiter, „ist ebenfalls ein Vergnügen. Eine Unterhaltung beim Essen verdoppelt das Vergnügen." Warum also sollten Kinder dieses Vergnügen nicht teilen? Werden Kinder mit der Mahnung „Beim Essen spricht man nicht!" also tatsächlich nur diszipliniert, vielleicht sogar, damit die Erwachsenen sich in Ruhe unterhalten können? Was steckt hinter dieser von Generation zu Generation weitergegebenen Ermahnung? Wo kommt sie her und warum hält sie sich so hartnäckig?

Es gibt tatsächlich eine Gefahr beim Essen, die sich bei gleichzeitigem Sprechen erhöht. Jeder von uns kennt sie aus Erfahrung. Es ist die Gefahr, sich zu verschlucken. Und wenn es ganz schlimm kommt, kann man dabei sogar ersticken. Was aber passiert eigentlich, wenn wir uns verschlucken?

Prof. Steinig erklärt, dass beim Verschlucken Nahrungsteilchen in die Luftröhre oder sogar in die Lunge gelangen, die eigentlich über die Speiseröhre in den Magen sollten. Wenn dies geschieht, werden die Atemwege teilweise oder vollkommen blockiert. Normalerweise löst der Fremdkörper in der Luftröhre einen starken Hustenreiz aus. Das ist ein Schutzreflex, denn durch den Husten wird der Fremdkörper wieder nach draußen befördert. „Gelingt dies jedoch nicht", betont Steinig, „so entsteht ein ziehendes, pfeifendes Atemgeräusch. Der Betroffene ringt nach Luft und durch den Sauerstoffmangel verfärbt sich die Haut bläulich. Neben der Atemnot drohen Bewusstlosigkeit, Atemstillstand, Versagen des Blutkreislaufs oder gar der Tod." (Zitat Ende)

Allerdings macht der Sprachwissenschaftler auch sogleich deutlich, dass diese Gefahr relativ gering ist. Zumindest Erwachsene haben in der Regel keine Probleme damit, während des Essens zu sprechen. Sie verschlucken sich nur selten, höchstens, wenn sie zu große Brocken schnell verschlingen oder zu hastig sprechen. Das mag früher anders gewesen sein, als unsere Vorfahren ihre Nahrung noch weitgehend roh und unbehandelt gegessen haben. Da „konnte es leicht passieren", so schreibt Steinig, „dass eine Gräte, ein Knochensplitter oder eine zähe Pflanzenfaser in die Luftröhre geriet". Hinzu kommt, dass damals nicht regelmäßig Nahrung zur Verfügung stand und man ein erlegtes Tier geradezu verschlang. Die Mitglieder einer Horde mussten möglichst schnell viel Nahrung ergattern. Dabei erhöhte sich die Gefahr des Verschluckens beträchtlich.

Das ist nun auch deshalb besonders interessant, weil es laut Steinig von evolutionärer Bedeutung ist. Es ist nämlich letztlich so, dass diejenigen Individuen einer Horde, die sich nicht verschluckten, größere Überlebenschancen hatten. Damit fand eine natürliche Selektion statt, denn so formuliert es Steinig: „Die geschickten Esser haben überlebt". Und dies hat schließlich dazu geführt, dass für heutige Menschen nur noch ein Restrisiko besteht, beim Essen zu ersticken. Allerdings: Kinder und alte bzw. kranke Menschen sind noch immer stärker gefährdet, sich zu verschlucken. Warum ist das so? Warum kommt es überhaupt zu dem Problem des Verschluckens?

Wolfgang Steinig verweist dazu erneut auf die evolutionäre Entwicklung und erklärt (ich zitiere): „Mit der Fähigkeit zu sprechen hat der Mensch sich das Risiko eingehandelt, beim Verzehr seiner Nahrung zu ersticken." (Zitat Ende) Und das kam so: Damit Sprachlaute immer besser produziert werden konnten, begann der Kehlkopf mit den Stimmlippen vor ca. 1,8 Millionen Jahren langsam in den Hals hinabzuwandern. Dadurch wurde der Eingang zur Luftröhre unter den Eingang zur Speiseröhre verschoben. Und es entstand die Gefahr, dass bei unachtsamem Schlucken Nahrung in die Luftröhre kommt. Außerdem, erklärt Steinig weiter, wurden Organe, die zunächst nur für die Nahrungsaufnahme zuständig waren, nun auch zu Sprachorganen. Beim Sprechen und Essen müssen folglich zahlreiche Organe und Muskeln in Mund, Hals und Oberkörper im Millisekundentakt aufeinander abgestimmt werden. Das erfordert einerseits absolut präzise funktionierende Organe und Muskeln. Und andererseits braucht man viel Übung, um den ständigen Wechsel der Tätigkeiten beim Essen und Sprechen reibungslos zu meistern. Folglich ist die Gefahr, sich zu verschlucken, bei Menschen, deren Organe und Muskeln geschwächt sind, größer als bei gesunden erwachsenen Menschen. Bei Kindern ist die Gefahr vor allem deshalb groß, weil sie die anspruchsvollen Tätigkeiten des Essens und Sprechens noch nicht ausreichend trainiert und noch nicht automatisiert haben.

Aber auch bei Erwachsenen bleibt eben ein Restrisiko, nämlich immer dann, wenn sie unachtsam oder abgelenkt sind, oder wenn der eigentlich gut funktionierende Automatismus durch irgendetwas gestört wird, z. B. durch eine Gräte im Mund.

Die einfachste Lösung wäre, so der Autor, beim Essen nicht zu sprechen. Die Regeln und Vorschriften, die in vielen Kulturen das Sprechen beim Essen einschränken oder ganz untersagen, erweisen sich jedenfalls als durchaus begründet, wie z. B. „Mit vollem Munde spricht man nicht!" Sich daran zu halten, kann für Erwachsene ebenso sinnvoll sein wie für Kinder.

Seite 64

1 *So könnte deine Lösung aussehen:*
Im Beitrag wird darüber berichtet, dass es beim Essen die Gefahr des Verschluckens gibt. Es wird ausgeführt, was beim Verschlucken passiert und wieso für unsere Vorfahren das Verschlucken eine größere Gefahr darstellte als bei uns heute.

2 *Folgende Aussagen werden gemacht:*
a), c), e), f)

3
- Nahrungsteilchen gelangen in die Luftröhre oder sogar Lunge
- Atemwege sind teilweise oder ganz blockiert
- Hustenreiz: der Fremdkörper kommt raus aus der Luftröhre
- wenn der Fremdkörper nicht rauskommt: ziehendes, pfeifendes Atemgeräusch; durch Sauerstoffmangel Blaufärbung der Haut; Atemnot, Bewusstlosigkeit, im Extremfall Tod

Seite 65

4
- rohe, unbehandelte Nahrung, z. B. Knochensplitter, Pflanzenreste, Gräten
- seltener Essen: Verschlingen, hastiges Essen
- Konkurrenz in der Horde

5
- evolutionäre Bedeutung: geschickte Esser haben überlebt
- deshalb heute nur noch geringes Risiko = Restrisiko

Seite 67

1 a) eine junge Frau, ihr abwesender Freund, verschiedene Nebenfiguren

b) in einer Stadt: an Haltestellen, in der Straßenbahn, auf der Straße, im Treppenhaus

c) gegen fünf Uhr nachmittags

d) eine junge Frau ist auf dem Weg zu ihrem Freund, findet an seiner Wohnungstür nur einen Zettel mit Abschiedsgruß, geht wieder, ist enttäuscht

2

Handlungsschritte	Gefühle der Hauptfigur
wartet auf die Bahn	unbeschwert, glücklich
steht in der Bahn eingequetscht zwischen Leuten	fühlt sich sicher, ist fröhlich
steigt aus, lasst sich treiben	gleichgültig gegenüber Umgebung
singt laut	übermütig, vielleicht auch unsicher
kauft Zigaretten	fühlt sich wohl (leistet sich etwas)
läuft vor ein Auto, lacht und beruhigt den Fahrer	unkonzentriert, aber unbesorgt und fröhlich
betrachtet sich im Schaufenster, richtet Haare und Kleidung	verliebt, nervös
überquert eine Wiese, läuft immer schneller	aufgeregt, ungeduldig, nervös
klingelt fünfmal an Haustür ihres Freundes	Freude siegt über ihre Angst
liest Zettel	verletzt, enttäuscht, gestresst
kehrt zur Haltestelle zurück	niedergeschlagen
wartet erneut auf die Bahn	unsicher, eingeschüchtert

Seite 68

❸ Die überraschende Wendung in der Geschichte besteht darin, dass die Hauptfigur am Ende – für sich und auch für den Leser unerwartet – von ihrem Freund verlassen wird, was dieser ihr nicht einmal persönlich, sondern nur per Zettel mitteilt. Z. 47–50: „Erst dann bemerke ich den kleinen zusammengefalteten Zettel an der Wand. Ja, es tut dir leid, wirklich leid, dass du Vera wiedergetroffen hast!"

❹ a) richtig: a), c); falsch: b), d)

b) B: Die junge Frau ist gut gelaunt, auch wenn die Leute fluchen, schimpfen und sie von Männern belästigt wird.
D: Der junge Mann hat auf einem Zettel, den er an der Wohnungstür hinterlassen hat, geschrieben, dass er die Beziehung beenden möchte.

❺ a) *So könnte deine Lösung aussehen:*
„Mir ist alles egal, ich fühle mich gut." (Z. 1)
„An der Ampel merke ich, dass ich zu laut singe." (Z. 17 f.)
„Verschüchtert stehe ich in der Ecke neben dem Fahrplan, mein Gesicht spiegelt sich in der Scheibe." (Z. 64 ff.)

Seite 69

❺ b) Ich-Perspektive

❻ *So könnte deine Lösung aussehen:*

Merkmale	trifft zu	Belege/Textbeispiele
Kürze des Textes	X	Nur eine Seite
unvermittelter Beginn	X	„Mir ist alles so egal, ich fühle mich gut." (Z. 1) → keine Einleitung ins Geschehen, man ist sofort mittendrin
kurzer Zeitraum	X	Zeitraum der Erzählung beträgt kaum mehr als eine Stunde.
offenes Ende	X	Ich-Erzählerin wartet auf die Bahn, wie es mit ihr weitergeht, erfährt der Leser nicht.
alltägliche Sprache	X	„Ein wütender Autofahrer brüllt, ob ich Tomaten auf den Augen hätte." (Z. 30 ff.)
ein Geschehen	X	Es geht nur um die Ich-Erzählerin und ihren Weg zu ihrem Freund bzw. um deren Beziehung. Es gibt keine Nebenstränge in der Handlung.

Seite 70

❼ a) *So könnte deine Lösung aussehen:*
Sommer: warm, hell, Sonne, Strand, Urlaub, Meer ...
Schnee: Winter, kalt, Eis, dunkel, weiß, nass ...

b) *So könnte deine Lösung aussehen:*
Ich denke, der Titel „Sommerschnee" passt zur Kurzgeschichte. Die Begriffe „Sommer" und „Schnee" drücken einen Gegensatz aus: Sommer und Schnee haben eigentlich nicht viel miteinander zu tun, darin spiegeln sich die konträren Gefühle der Ich-Erzählerin wider. Auf dem Weg zu ihrem Freund ist sie glücklich, furchtlos und selbstbewusst. Dieser Teil steht für den Sommer. Ab dem Wendepunkt kommt sie in die Realität zurück. Zum Ende der Geschichte passt der Schnee. Sie kommt auf eine heftige Art und Weise in der Realität an, sodass sie sich unter anderem den Auswirkungen des Regens bewusst wird. Ihr ist am Ende sehr kalt, auf diesen Umstand kann der Schnee bezogen werden.

❽ *So könnte deine Lösung aussehen:*
Am Anfang ist die Hauptperson fröhlich und unbeschwert. Sie ist auf dem Weg zu ihrem Freund, freut sich auf diesen und lässt sich die Freude von nichts nehmen. Nachdem sie jedoch am Ender der Geschichte die Nachricht von ihrem Freund gelesen hat, ist die gute Laune der Hauptperson schlagartig verschwunden. Sie ist nun traurig, niedergeschlagen und in sich gekehrt.

Seite 72

❾ richtig: a), b), d), e), g); falsch: c), f)

❿ a) Elena-Katharina Sohn erklärt, dass viele Menschen ihren Liebeskummer rückblickend positiv bewerten, da er zu einer positiven Entwicklung in ihrem Leben beigetragen hat. Grund dafür ist, dass man nach einer Trennung dazu gezwungen wird, sich verstärkt mit seinen Bedürfnissen und Wünschen auseinanderzusetzen, und dadurch einen Reifeprozess durchlebt.

b) Wenn der Liebeskummer länger als zwei Jahre andauert und/oder Suizidgedanken aufkommen, gilt Liebeskummer als bedrohlich und therapiebedürftig.

Seite 73

⓫ Die Frau in der Geschichte scheint stark von ihrem Freund abhängig zu sein: Sie richtet sich danach, was er besonders gerne mag, z. B. kauft sie sich Filterzigaretten, die er am liebsten mag – dabei sind sie ihr eigentlich „zu leicht" (Z. 29).

An dieser Stelle zeigt sich, dass sie nicht auf ihre eigenen Bedürfnisse schaut, sondern sich nur an ihrem Freund orientiert. Es ist möglich, dass ihr Liebeskummer bei ihr einen Reifeprozess auslösen wird, durch den sie sich weiterentwickelt und z. B. mehr auf ihre eigenen Bedürfnisse achtet. Besorgniserregend ist bei ihr ein selbstverletzendes Verhalten (Z. 51 f.): „Die brennende Zigarette hinterlässt Wunden auf meiner Haut."

⑫ *So könnte deine Lösung aussehen:*
a) (Forumsbeitrag der Ich-Erzählerin)
Hallo liebe Community,
bis vor Kurzem war ich noch sehr glücklich. Ich war bzw. bin sehr verliebt in meinen Freund, mit dem ich jetzt leider nicht mehr zusammen bin. Dass er Schluss gemacht hat, kam für mich total überraschend und, ehrlich gesagt, werde ich aus seinem Verhalten auch nicht schlau. Deswegen hätte ich gerne euren Rat ... aber erstmal erzähle ich euch, was passiert ist:
Mein Freund und ich waren gestern bei ihm zu Hause verabredet. Ich freute mich sehr auf ihn und diese Vorfreude überstrahlte alles – z. B. dass es regnete und ich klitschnass war oder dass ich beinahe angefahren worden wäre. Unterwegs kaufte ich mir die Zigaretten, die er am liebsten mag, auch wenn sie mir eigentlich zu leicht sind. Auf diese Weise fühlte ich mich ihm schon ein bisschen näher. Nervös war ich auch, also überprüfte ich mein Aussehen in einem Schaufenster. Ich wollte ihm unbedingt gefallen! Bei meinem Freund angekommen, machte er die Tür jedoch nicht auf, stattdessen fand ich nur einen Zettel, den er für mich an der Wand hinterlassen hatte. Darin schrieb er mir, dass er Vera, das ist seine Ex-Freundin, wiedergetroffen habe. Außerdem meinte er, ich solle es mir gutgehen lassen. Das war alles!
Ich bin am Boden zerstört. Es ist schon schlimm genug, dass er mit mir Schluss gemacht hat, aber wie er es gemacht hat, tut noch viel mehr weh. Wieso tut er das? Und warum auf diese herzlose Art und Weise? Habe ich etwas falsch gemacht? Was denkt ihr über sein Verhalten?
Eure ivy2000

b) (Antwort 1)
Liebe ivy2000,
es tut mir sehr leid, dass dein Freund dich so schlecht behandelt hat und dass es dir jetzt so schlecht geht. Ich kenne dich nicht, aber das hat niemand verdient! In meinen Augen hat sich dein Ex-Freund absolut unmöglich benommen, denn auch wenn er sich neu verliebt hat, sollte er dir trotzdem so viel Wertschätzung entgegenbringen, dass er mit dir persönlich redet und es dir erklärt.

Ich denke nicht, dass du etwas falsch gemacht hat. In deiner Schilderung klang sehr deutlich heraus, dass du deinem Freund unbedingt gefallen möchtest. In meinen Augen ist dies völlig normal, denn du bist verliebt in ihn und willst ihm das zeigen, wenn du beispielsweise die Zigaretten kaufst, die er gerne raucht, oder du dir Gedanken um dein Aussehen machst. Von daher möchte ich dir raten, ihn zu vergessen. Er hat gezeigt, dass er dich nicht verdient hat, da er dich nicht gut behandelt hat. Ich hoffe, du kommst bald über ihn hinweg!
Deine luna

(Antwort 2)
Liebe ivy2000,
auch mir tut es leid, dass es dir so schlecht geht. Anders als luna, die deinen Freund ja stark kritisiert hat, kann ich das Verhalten deines Freundes nachvollziehen.
Ich habe den Eindruck, dass du deinen Freund zu sehr vergöttert und dich selber vernachlässigt hast. Das ist nicht gut für eine Beziehung, da sie nur funktionieren kann, wenn beide Partner selbstbestimmt leben und gut für sich selbst sorgen. Als du aber z. B. die Zigaretten gekauft hast, die er gerne mag, hast du gezeigt, dass du nur an ihn, jedoch nicht an dich selber denkst.
Ich will dich nicht noch mehr verletzen, aber vielleicht bist du langweilig für deinen Freund geworden, als er gemerkt hat, dass du dich ihm total anpasst und alles machst, wie er es mag. Denn auch hier gilt, was ich oben schon geschrieben habe: Dein Freund will bestimmt eine selbstständige Freundin haben, nicht eine, die alles für ihn macht. Dass du total darauf fixiert warst, wie du aussiehst, zeigt mir aber, dass du in dieser Hinsicht (noch) zu wenig Selbstbewusstsein hast. Vielleicht ist diese Vera eine Person, die deinem Freund nicht alles recht machen will und dadurch für ihn interessanter ist.
Das klingt jetzt bestimmt ziemlich hart für dich. Aber ich schreibe dir das, weil es dir vielleicht hilft, die Trennung zu verstehen und mit ihr zurechtzukommen.
Dein gobo123

c) (eigene Stellungnahme)
Ich denke, die Hauptfigur sollte ihren Liebeskummer dazu nutzen, sich auf sich selbst zu besinnen. Auf keinen Fall sollte sie ihrem Freund hinterherlaufen, ihn bedrängen oder gar anbetteln, zu ihr zurückzukommen. In ihrem Verhalten haben sich bereits Ansätze gezeigt, dass sie zu sehr auf ihren Freund fixiert ist, ohne auf sich und die eigenen

Bedürfnisse zu achten. Es ist möglich, dass dies auch ihren Freund gestört hat und er sich deshalb getrennt hat. Daher wäre es jetzt fatal, wenn sie wieder dies wieder täte. Damit würde sie weder sich noch der Beziehung der beiden etwas Gutes tun. Stattdessen sollte sie ihr eigenes Verhalten hinterfragen und darüber nachdenken, warum sie z. B. Zigaretten raucht, die sie gar nicht mag, oder sich mit der brennenden Zigarette die Haut verletzt. Sie sollte lernen, die eigenen Bedürfnisse wahrzunehmen und zu berücksichtigen. Dafür sollte sie sich viel Zeit nehmen und erst einmal keine neue Beziehung eingehen. Auf ihren Ex-Freund sollte die Hauptfigur meiner Meinung nach erst zugehen, wenn sie sich persönlich weiterentwickelt hat und sie sich zudem ihrer Gefühle für ihn sicher ist. Aber ich denke, dass sie nach einer Zeit selber erkennen wird, dass er sie respekt- und lieblos behandelt hat und sie an einer solchen Person dann kein Interesse mehr hat.

Seite 74

1 *So könnte deine Lösung aussehen:*
Z. 4–6: Endlich keinen Ärger mehr mit den Eltern und keine nervigen Geschwister, mit denen man sich rumschlagen muss.
Z. 10–12: Doch eine Wohnung bringt nicht nur die vermeintliche große Freiheit, sondern auch jede Menge Kosten und Arbeit.
Z. 27–30: „Das ist am billigsten", sagt zum Beispiel der 20-jährige Felix aus Bergkamen. Und es ist bequem. „Wenn man alleine wohnt, muss man sich um alles selbst kümmern."
Z. 31–39: Doch die kostengünstige Bequemlichkeit hat ihren Preis. „Egal wie alt man ist, man ist immer unter der Aufsicht der Eltern", weiß Felix. Expertin Papastefanou kann das bestätigen: „Eltern und Kinder bleiben immer Eltern und Kinder", also in ihren Rollen verhaftet. Zudem könne man sich im Elternhaus keine Intimsphäre schaffen. „Nur eine Tür zwischen dem Kinderzimmer und der Wohnung, das schränkt die Sexualität schon ein", so die Professorin.
Z. 56–66: Der Auszug aus dem elterlichen Nest kann das Verhältnis zu den Eltern verbessern. „Manche Streitigkeiten entkrampfen sich, wenn man sich zum Beispiel nicht jeden Tag um irgendeinen ‚Alltagsscheiß' streitet", sagt Ratgeberautorin Gürtler. Außerdem merkten die Jugendlichen, was die Eltern alles still und leise gemacht haben, und das äußere sich oft in Dankbarkeit. Auch die Eltern behandeln ihre Sprösslinge nach dem Auszug anders. „Der Respekt gegenüber den Kindern steigt", so Papastefanou.

Z. 66–71: Die erste eigene Wohnung – ein erster Schritt in die Freiheit. Aber dafür muss man alles selbst bezahlen und alles selbst machen: Die Wäsche will gewaschen werden, auch das Essen zaubert sich nicht von selbst auf den Tisch.
Z. 78–85: Wichtig ist die finanzielle Seite der eigenen Bude. Neben der Miete fordern viele Vermieter eine Kaution von bis zu zwei Kaltmieten. Das Geld gibt es beim Auszug wieder zurück, aber man muss es erst mal aufbringen. Eine Möglichkeit, die Miete relativ gering zu halten und in einer größeren Wohnung zu wohnen, sind Wohngemeinschaften.

Seite 75

2 *So könnte deine Lösung aussehen:*
Grundposition pro: Der Auszug aus dem Elternhaus birgt viele Chancen in sich.
Grundposition kontra: Der Verbleib im Elternhaus erspart viele Unannehmlichkeiten.

3 Pro: Expertin Christina Papastefanou, Psychologin Helga Gürtler, Alexander
Kontra: Felix

4 Expertin Papastefanou (pro): Man sollte den Absprung wagen und etwas Neues beginnen, um nicht unnötig auf Freiraum zu verzichten. Man schränkt z. B. seine Sexualität ein, indem man sich Tür an Tür mit den Eltern beobachtet fühlt. Zudem begrenzt man seine Ausbildungsmöglichkeiten sehr stark, wenn man nur nahe dem Wohnort der Eltern sucht.
Psychologin Helga Gürtler (pro): Der Auszug aus dem Elternhaus kann das Verhältnis zu den Eltern verbessern, denn man streitet sich nicht mehr ständig über Alltäglichkeiten. Außerdem nimmt die Dankbarkeit bei den Kindern oft zu und die Eltern begegnen ihren Kindern mit mehr Respekt.
Alexander (pro): Die Probleme mit den Kosten und der Hausarbeit sind halb so schlimm, wenn man wie er schon vorher kochen musste und sich die Miete und Kaution mit seinen Mitbewohnern teilt.
Felix (kontra): Daheim wohnen ist am billigsten, weil keine Miete anfällt. Man muss sich nicht um alles selbst kümmern, weil die Eltern viele Arbeiten erledigen (z. B. Waschen, Kochen, Putzen etc.).

Seite 76

5 b) • zwei Personen im Badezimmer, anscheinend Mutter und Sohn
• Wäschekorb voll Wäsche, Wäsche auf dem Boden
• Mutter räumt Waschmaschine ein, sieht angestrengt aus

- Sohn hält der Mutter weitere Wäschestücke hin und fragt, ob sie sie auch noch waschen könne (außerdem möchte er zum Training gefahren werden)
- Sohn sieht schon recht alt aus (mindestens 18), wohnt aber anscheinend noch zuhause
- Mutter hat durch den Sohn viel zu tun (Wäsche, Fahrdienst)

c) Wenn die volljährigen Kinder nicht ausziehen, haben die Eltern weniger Zeit und Ruhe für sich und mehr Arbeit, weil sie z. B. für die Kinder waschen und sie mit dem Auto durch die Gegend fahren. Nicht nur der Freiraum der Kinder wird eingeschränkt, sondern auch der Freiraum der Eltern. Vielleicht würden sich die Eltern beispielsweise gerne nach der Arbeit entspannen, haben aber durch die Ansprüche der Kinder keine Zeit dafür.

❻ *So könnte deine Lösung aussehen:*
(pro) Junge Menschen müssen eigene Wege gehen lernen, weil sie im späteren Berufs- und Familienleben auch selbstständig und eigenverantwortlich ihr Leben meistern müssen.
(kontra) Jugendliche können sich ganz auf ihre Ausbildung und das Studium konzentrieren, wenn sie zu Hause bleiben, weil ihnen zeitaufwändige Arbeiten im Haushalt und Kosten abgenommen werden.

Seite 77

❼ *So könnte deine Lösung aussehen:*
a) (als Beispiel: Meinung pro in numerischer Gliederung)
1. Einleitung
2. Hauptteil
2.1 Kontra: Der Verbleib im Elternhaus erspart viele Unannehmlichkeiten.
2.1.1 Bei den Eltern ist das Leben komfortabel, weil sie einem viele Arbeiten abnehmen.
2.1.2 Im Elternhaus kann man sich ganz auf die Ausbildung oder das Studium konzentrieren.
2.1.3 Es ist am billigsten, bei den Eltern zu wohnen, weil keine Mietkosten anfallen.
2.2 Pro: Der Auszug aus dem Elternhaus birgt viele Chancen in sich.
2.2.1 Man sollte den Absprung wagen, um etwas Neues erfahren zu können.
2.2.2 Der Auszug aus dem Elternhaus kann das Verhältnis zu den Eltern verbessern.
2.2.3 Junge Menschen müssen lernen, selbstständig und eigenverantwortlich zu handeln.
3. Schluss

b) Nach der Schule von zu Hause ausziehen – ja oder nein?
„Große Freiheit oder Hotel Mama", so hat Eva Dorothée Schmid ihren Artikel genannt, in dem es um Jugendliche geht, die sich nach dem Ende der Schulzeit mit der Frage „Ausziehen – ja oder nein?" konfrontiert sehen. Es ist heute nichts Ungewöhnliches, dass junge Leute bis Mitte 20 bei den Eltern wohnen. Viele, insbesondere junge Männer scheuen den teuren und arbeitsintensiven Auszug aus dem Elternhaus. Sie bleiben lieber zu Hause, denn das ist kostengünstig und komfortabel. Andere hingegen raten zum Auszug, weil dadurch der individuelle Freiraum vergrößert wird. Außerdem kann sich das Verhältnis zu den Eltern durch den Auszug der Kinder verbessern.
Im Folgenden möchte ich das Thema „Nach der Schule von zu Hause ausziehen – ja oder nein?" erörtern. Zuerst werde ich die Argumente erläutern, die für einen längeren Verbleib im Elternhaus sprechen. Anschließend werde ich dieser Grundposition die Argumente derer entgegenstellen, die einen schnellen Auszug aus dem Elternhaus befürworten.

c) Es gibt mehrere Gründe, die für den Verbleib im Elternhaus sprechen. Zunächst lässt sich anführen, dass es sehr komfortabel ist, bei den Eltern zu wohnen, weil diese einem viele unangenehme Arbeiten, wie z. B. Waschen und Putzen, abnehmen. Diese Meinung vertritt beispielsweise auch der 20-jährige Felix, der noch bei seinen Eltern lebt. Zudem bietet das Wohnen bei den Eltern den Vorteil, dass sich die Kinder ganz auf die Ausbildung oder das Studium konzentrieren können. Sie werden schließlich weder durch Hausarbeiten noch durch einen Zeit raubenden Nebenjob gestört. Nicht zuletzt würden viele Kosten eingespart, wie Felix zu bedenken gibt. Bleiben die Kinder im Haus der Eltern, fallen beispielsweise keine zusätzlichen Mietkosten an. Wer etwa in die Ausbildung geht und nur einen sehr geringen Verdienst hat, kann sich kaum eine Wohnung in einer teuren Stadt wie Frankfurt, Hamburg oder München leisten.
Doch gibt es auch Gründe, die für einen Auszug sprechen: Ein Argument nennt die Expertin für Psychologie Christina Papastefanou. Sie empfiehlt, dass man den Absprung wagen solle, weil man sonst unnötig eigenen Freiraum verschenke. Man schränke etwa seine Sexualität ein, weil man sich von den Eltern beobachtet fühle. Hinzu komme, dass man die Ausbildungsmöglichkeiten begrenze, weil

man nur am Wohnort der Eltern suche. Ein weiteres Argument wird von der Ratgeber-Autorin Helga Gürtler angeführt. Sie sagt, dass der Auszug aus dem Elternhaus das Verhältnis zu den Eltern verbessern könne, da man sich nicht ständig über Kleinigkeiten streite. Auch nähmen mit der Distanz in vielen Fällen sowohl die Dankbarkeit der Kinder gegenüber ihren Eltern als auch der Respekt der Eltern für ihre Kinder zu. Aus Sicht der Eltern kann man außerdem so argumentieren, dass sie weniger Arbeit im Haushalt und wieder mehr Zeit für sich haben, wenn die Kinder aus dem Haus sind. Außerdem ist es ruhiger, sodass für mehr Entspannung gesorgt ist. So erlangen nicht nur die Kinder durch ihren Auszug aus dem Elternhaus mehr individuellen Freiraum, sondern auch die Eltern. Ein wichtiges Argument ist zudem, dass junge Menschen lernen müssen, ihren eigenen Weg zu finden und selbst die Verantwortung für ihr Leben zu übernehmen. Schließlich müssen sie auch im späteren Familien- und Berufsleben selbstständig und eigenverantwortlich handeln und den Alltag meistern.

d) Meiner Meinung nach sollte man nach der Schule den Absprung vom Elternhaus wagen, wenn man die Miete für das Zimmer oder die Wohnung am Ort der gewünschten Ausbildung oder des Studiums aufbringen kann. Ein Zimmer im Studentenwohnheim kann beispielsweise eine sehr kostengünstige Variante sein. Auch wenn es zu Anfang nicht leicht ist, sollte man sein Leben selbst in die Hand nehmen, weil dies Bewegungs- und Entscheidungsfreiheit mit sich bringt. Die Probleme mit den Kosten und der Hausarbeit lassen sich gut in den Griff bekommen, wenn man es zum Beispiel wie der 25-jährige Alexander macht und in eine Wohngemeinschaft einzieht. Dort werden die Kosten aufgeteilt und Arbeiten im Haushalt abwechselnd übernommen. Abgesehen davon hat man in einer Wohngemeinschaft immer jemanden zum Reden, und es macht mehr Spaß, als alleine zu wohnen.

Seite 78

2 *So könnte deine Lösung aussehen:*
„Mode" – Dieses Phänomen tritt in einem gewissen Zeitraum auf und beschreibt vor allem den Kleidungs-, Frisuren- und Accessoiregeschmack verschiedener Gesellschaftsgruppen. Meistens grenzen sich diese Gruppen besonders durch ihren modischen Geschmack voneinander ab und geben so ihren Mitgliedern ein Gemeinschaftsgefühl.

3 Abschnitt 1: Einleitung
Abschnitt 2–5: Interview
 Abschnitt 2: Meinung über Mode im Allgemeinen
 Abschnitt 3: Diskussion über Sinn und Unsinn von Markenklamotten
 Abschnitt 4: Fragwürdige Trends
 Abschnitt 5: Macht „Style" nun individuell oder nicht?

Seite 79

4 **a)**

	Pro	Kontra
Textargumente	– manchen macht Mode Spaß, ist ein „Hobby" (Abs. 5)	– die angesagte Kleidung ist teuer: „120-Euro-Hosen", „gute Hosen nicht unter 100 Euro" (Abs. 2, 3)
	– Qualität oft gut: „halten länger" (Abs. 3)	– es entsteht „Konsumterror" (Abs. 2) – man ist schnell „out" (Abs. 3)
	– Details sind ausgefeilter	– Details auch auf billiger Kleidung
	– Zugehörigkeit zu einer Gruppe: erleichtert Identitätsfindung!	– es besteht die Gefahr der Uniformität (Abs. 5)
	– kann Ausdruck der Individualität sein	– Bsp. Piercen, Tätowieren: • oft unerwünschte bzw. gefährliche Nebenwirkungen
		– Bsp. Baggy Pants: • haben nichts mit unserem kulturellen Hintergrund zu tun • „sehen zum Totlachen aus" (Abs. 4)

b) *So könnte deine Lösung aussehen:*

	Pro	Kontra
Eigene Argumente	– regt an, etwas völlig Neues auszuprobieren	– man kann sich leicht lächerlich machen
	– führt als gut empfundenes Aussehen zu mehr Selbstsicherheit und mehr sozialer Kompetenz	– man ist gezwungen „in" zu sein – Geld zu verschwenden (Trends sind nur saisonal)

6 *So könnte deine Lösung aussehen:*
Mode ist mutig, bedient sich sogar kitschiger, als hässlich empfundener Sachen. Somit dient sie der Belustigung und der Anregung des Geistes. Mode ist fröhlich, unabhängig der Varianten, in denen sie auftritt, macht also auch die Menschen fröhlicher.
Mode ist lebendig, ohne sie ist das Leben langweilig, denn sie scheint dem lyrischen Ich das Leben erstrebenswert zu machen.

Seite 80

7 *So könnte deine Lösung aussehen:*

a) 1. Das Gedicht hat drei Strophen mit je vier Versen.
2. Innerhalb dieser Strophen findet man immer einen Kreuzreim vor, bei dem sich weibliche und männliche Reime abwechseln.
3. Das Gedicht beinhaltet zwei Ausrufe: „Es lebe die Mode!" (Titel) und „Für die Mode nicht dagegen sei der Mensch!" (V. 1 f.).
4. Das Gedicht weist ein Wortspiel „Mode lebt und Leben modelt" (V. 11) auf.

b) Die Kürze des Gedichts macht es sehr eingängig. Der Wechsel von Reim und Rhythmus macht das Gedicht lebendiger, verbindet also den Inhalt mit der Form. Die Ausrufe erzeugen gleich zu Beginn eine ausgelassene Atmosphäre. Das Wortspiel am Ende bekräftigt dies noch einmal.

8 **a)–c)** *So könnte deine Lösung aussehen:*
Ein großes Hallo an die Redaktion der Schülerzeitung!
Erst einmal: Danke für die tollen Artikel in den letzten Heften. Oft lösen sie rege Diskussionen aus. So war es auch bei der letzten Ausgabe. Besonders beim Thema „Mode" spalteten sich die Meinungen.
Für mich bedeutet Mode das Aufeinanderfolgen verschiedener Trends und das Zusammentreffen von verschiedenen Stilen, von denen einige gut sind und bleiben, andere vergehen und erst Jahre später wieder aufgegriffen werden. Manche Trends finde ich richtig klasse, z. B. hat sich die Jeans dauerhaft durchgesetzt, kein Wunder bei einem ebenso praktischen wie hübschen Kleidungsstück. Auch die Sache mit den Leggings, die man unter die Röcke oder kurze Hosen zieht, ist ganz nett, sollte aber nur mit Vorsicht und Farbgefühl angewandt werden. Andere Stile finde ich nur komisch, wie die von euch erwähnten „Baggy Pants". Wieder andere Richtungen finde ich seltsam bis gefährlich, wie z. B. das Piercen. Tattoos können mitunter auch hübsch sein.

Am schlimmsten finde ich aber, wenn Mode die Leute dazu zwingt, ihr Geld für Sachen auszugeben, die man dann eh bald wieder wegwirft oder weiterverschenkt, nur um anerkannt zu werden. Und nicht nur in diesem Punkt war ich mit Ebru aus eurem Artikel einer Meinung. Ich finde auch, man sollte sich Sachen nicht um des Kaufens willen kaufen, sondern weil man sie nützlich findet. Außerdem finde ich 100 Euro für ein gewöhnliches Kleidungsstück deutlich zu hoch angesetzt. Auch kann ich den Hype um die Marken nicht verstehen. Es kommt doch nicht darauf an, woher ein Kleidungsstück ist, sondern darauf, ob es gut aussieht und seine Funktion erfüllt. Und warum ist die Qualität, also die Haltbarkeit einer Sache, wichtig, wenn sie nach ein paar Monaten ausgemustert wird, weil sie nicht mehr „in" ist? Da kann man sich dann auch mit billigen Sachen begnügen ... Auch kann ich Davids Einwand gegen Tattoos nicht verstehen. Es kommt oft vor, dass etwas den unteren Gesellschaftsschichten genommen und dann veredelt und hochstilisiert wird. Es war ja bei der Jeans auch so. Die war nämlich eine Hose für Arbeiter (darum ist sie auch so robust) und dann hat sie jemand zur Mode erhoben. Das wäre für mich ein Beispiel dafür, dass Mode auch Sinn hat: dass praktische Sachen ihren Weg zu jedem finden und nicht durch falschen Hochmut aufgehalten werden. Mode kann also gesellschaftliche Schichten miteinander verbinden. Sie kann auch bei der Unterdrückung oder Befreiung dieser Schichten helfen. Hierzu ein simples Beispiel: In den Ländern, in denen es Frauen erlaubt ist, Hosen zu tragen, haben diese auch mehr Rechte.
Zusammenfassend möchte ich sagen, dass es nicht darauf ankommt, immer der neuesten Mode hinterherzuhecheln, sondern sich Sachen herauszusuchen, die einem Spaß machen und in denen man sich wohlfühlt, in denen jeder/jede er oder sie selbst sein kann.